中国轮滑协会推荐优秀课程

零基础学单排轮滑

LING JICHU XUE DANPAI LUNHUA

厉中山 ◎ 著

北京体育大学出版社

策划编辑：吴海燕
责任编辑：吴海燕
责任校对：韩培付
版式设计：精彩视觉

图书在版编目（CIP）数据

零基础学单排轮滑 / 厉中山著. -- 北京 : 北京体
育大学出版社, 2021.8
　ISBN 978-7-5644-1399-6

　Ⅰ.①零… Ⅱ.①厉… Ⅲ.①滑轮滑冰 – 基本知识
Ⅳ.①G862.8

中国版本图书馆CIP数据核字(2021)第055897号

零基础学单排轮滑　　　　　　　　　　　　　　　　厉中山 著
LING JICHU XUE DANPAI LUNHUA

出版发行：北京体育大学出版社
地　　址：北京海淀区农大南路1号院2号楼2层办公B-212
邮　　编：100084
网　　址：http://cbs.bsu.edu.cn
发 行 部：010-62989320
邮 购 部：北京体育大学出版社读者服务部 010-62989432
印　　刷：北京瑞禾彩色印刷有限公司
开　　本：710mm×1000mm　　　1/16
成品尺寸：170mm×240mm
印　　张：10.5
字　　数：185千字
版　　次：2021年8月第1版
印　　次：2021年8月第1次印刷
定　　价：58.00元

序一

　　《零基础学单排轮滑》系统而全面地介绍了轮滑基础技术的教学方法，引导读者由易到难地进行技术学习，技术示范到位，教学方法科学高效，图解清晰明了，特别适合零基础的轮滑爱好者，利于普及推广。在讲解技术动作时有文字注释、图片分解，并配有二维码，手机扫码就可以观看技术演示视频，是当前较好的体育技术教学的表现形式。

　　此外，本书关于轮滑文化理论介绍的内容全面、有深度，包括运动起源、项目发展、项目分类、项目规则、赛事介绍、器材介绍、器材维修与保养等，利于轮滑运动文化的传播与轮滑项目通识教育。

　　本书将教材与慕课相结合，形式新颖、多元、全方位，可以作为轮滑项目线上、线下混合式教学的应用教材，创新了轮滑项目授课方式，为提升轮滑教学效果起着重要作用。

国家体育总局社会体育指导中心轮滑部主任

2020年8月7日

序二

　　在备战2022年北京冬季奥运会的工作中，国家体育总局倡导重新认识项目规律，加强学习，创新知识。与冬季冰雪运动有着骨肉姻缘的我国轮滑界，学习之风日益浓厚，并紧跟时代潮流，有不少新的见地，但是，在教练员培训方面仍有大量工作需要加强。

　　现代轮滑源自欧洲且目前欧美国家的轮滑运动仍处于领先水平。我国如要超越，必须加强学习，首先，必须夯实轮滑运动发展的基础，在普及方面下功夫。其次，必须走符合国情的"全年滑"和冰雪运动项目、轮滑运动项目紧密融合互促互辅的训练道路。

　　我已耄耋之年，仍关注着国内外滑冰和轮滑运动发展的新变革。

　　如今，厉中山编撰了《零基础学单排轮滑》。此教材教学体系系统全面，技术教学由易到难，技术动作和基本功动作示范规范到位，教学方法博采众长，科学高效，图解演示清晰明了，特别适合零基础的轮滑爱好者，很值得普及推广。此教材为新形态教材，在讲解技术动作时有文字注释与图片分解，并配有二维码，手机扫码就可以观看技术视频演示片段，是体育技术传授和学习的最佳形式。此教材是我国首本轮滑技术教学与慕课相结合的教材，授课与学习形式新颖、多元、全方位，并可以作为轮滑项目线上、线下混合式教学的应用教材，定会为创新轮滑项目授课方式、提升授课效果起到促进作用。

　　此书为轮滑教学的发展提供了独具特色、见解深刻、操作性强、资讯丰富、价值较高的基础教学与训练的参考资料。

　　此书能让从事轮滑运动的专业工作者和喜欢轮滑的大众全面认识、了解轮滑运动教学与训练的基础内容，激发他们为轮滑运动基础教学增添光彩的信心，有助于培养出更多的轮滑运动"希望之星"，必将成为我国轮滑运动的精品教材之一。

我真诚地希望，更多的读者能够通过学习此书而掌握轮滑运动的基本技术与知识，领悟轮滑文化的真谛，从心底里热爱、从行动上实践轮滑运动。

说来，我结缘并受益于轮滑是在1953年第一届全国冰上运动大会速滑全能项目比赛中首创了1500米全国纪录。在担任中国男子速滑队教练期间，我重点采用轮滑的训练手段，培养出了王金玉和罗致焕两名世界级的优秀运动员。退休后，我自办速滑、轮滑业余训练班，在2000年至2002年全国速度轮滑锦标赛中连续三年夺得团体总分冠军。在办班过程中，我有幸获得学员家长的大力支持，对50多名儿童进行了连续6年的较系统正规的业余训练，尤其令我印象深刻的是刚满10岁的厉中山。他是一个土生土长的沈阳男孩儿。没有一点体育锻炼习惯的他和其他队友一样，坚持以学业为主，走兼学和培养体育特长的道路，刻苦勤奋，又有悟性，在6年的业余训练中，是一贯的学校"三好生"和训练队中的"优秀学员"。他以轮滑运动健将的成绩考取了东北师范大学，学士、硕士连读毕业后，成为东北大学的体育教师。其间，他不断学习探讨，开拓了网上慕课培训新模式，可喜可贺。

中山请我为《零基础学单排轮滑》作序，我欣然接受，写了如上一段话，不当之处，请多指教。

中国男子速滑队原教练员

中国人民解放军八一速滑队总教练

前言

　　轮滑作为一项兼具竞技、健身、休闲的体育运动项目，越来越多的出现在体育赛事与人们的运动生活中，不同层级的教学机构也纷纷开设轮滑这门特色运动课程。如今，无论是组织轮滑课堂教学，还是爱好者个人自学，要想获得更好的教学效果或把滑行技术掌握娴熟，建立互联网思维、提高在线资源获取能力可令事半功倍。这部在"轮滑基础教程"在线慕课基础上编撰的单排轮滑技术指导教材，遵循了体育技术学习特有的内在规律，融入最新的教学理念与教育技术，是符合现代体育教学与学习发展需要的新形态教材，让个人爱好者能够更加直观地通过书面教材学习轮滑技术，让教师能够更好地利用在线资源组织线上、线下混合式教学，提升轮滑技术教学效果，让学生能够更加便捷、高效地完成学习任务。

　　本书在轮滑技术教学安排上遵循节奏适中、安全第一、形式新颖、循序渐进的原则，全面、细致、系统、科学地归纳出适合零基础轮滑爱好者的技术练习动作，通俗易懂、言简意赅地解释了每个技术动作的要点与学习技巧，并在技术示范视频中加入特效动画演示，能够更加清晰的理解技术动作的发力位置、内部原理等。同时，书中还创新性地对轮滑运动文化、轮滑编队滑行技术、轮滑器材的初级保养与维护做了细致的介绍，并运用独特的视角进行深入解读，使轮滑学习者可以全面了解轮滑运动理论知识，使学习者在项目内涵方面有更深入的认识。

　　任何体育运动技术，从开始学习阶段到熟练掌握都是一个有机的过程，不是一朝一夕能够速成的，无论采用何种最新的教学方法，还是融入最先进的教育技术，学习的过程都要经历形成、巩固和发展等阶段性变化，所以，在利用本教材进行轮滑技术学习和教学时，应注重每个技术学习阶段的特征与规律。学好轮滑技术，不仅需要科学的方法，更需要克服恐惧心理的勇气，征服新技术的过程，也是提升自我身心的过程。

　　让我们一起感受轮滑、感受生命、感受运动之美，期待着与您在轮滑运动中相遇！

目录

第六章
起跑与急停

第七章
轮滑腿部力量辅助练习

第八章
轮滑编队及技术自测

附录1
配套习题

附录2
公共体育轮滑课程混合式教学设计

扫码观看视频

扫码观看视频

第一章

PART 1

轮滑运动起源
与项目发展

第一节
轮滑运动发展史

　　轮滑运动给大家的印象往往是时尚、年轻、动感、新颖，但是轮滑这项运动并不年轻，早在200多年前就有轮滑运动的记载。那么轮滑运动是如何兴起的？我们先从它的名称来探寻这项运动的起源。"轮滑"作为相关运动名称是我国在1986年确定的，之前人们一直称之为"旱冰"或"滚轴溜冰"。我们不难发现，早先使用的名称中都有一个"冰"字，这样就可以推断出，轮滑运动一定与滑冰这项运动有着密切联系。

　　确实，轮滑运动是从滑冰运动衍生而来的。据资料记载，轮滑运动的起源可以追溯到18世纪的欧洲。最初，荷兰的一位滑冰运动员在自然冰融化后不能继续训练的情况下，希望寻找一种新的替代训练手段，在夏季也可以进行滑冰训练。就这样，他将木线轴安在皮鞋底部，试图在平坦的地面上滑行。在不断尝试和改进之后，他终于成功了，并引起了人们的兴趣。这位运动员没有想到的是，从此轮滑运动在欧洲兴起，小小的轮滑演变成了日后全世界流行的时尚运动。

　　轮滑运动需要人们穿轮滑鞋进行活动，所以这项运动对器材的依赖性很大。那么，器材的变革就影响着这项运动的发展进程。下面，我们追寻器材变革的步伐来了解轮滑运动的发展历程。

　　1743年，在欧洲社会，舞台剧盛行，观剧成为当时人们一种时髦的娱乐活动。为了达到剧情设计的效果和增加题材的新颖性，人们在舞台剧中创造性地加入脚踩可滑动装置的表演手法，轮滑运动首次出现在英国伦敦的舞台表演上。遗憾的是，当时轮滑鞋的发明者并没有明确的记载，而比利时发明家约瑟夫·默林（1735—1803）是第一位被载入史册的轮滑鞋发明者。

　　1760年，约瑟夫·默林带着自己手工制作的轮滑鞋，参加伦敦卡莱尔家族的一次假面舞会，这使他的发明取得了公认。这双鞋下面装有一排很整齐的金属滚轴。在假面舞会上，他一边在木地板上缓慢地滑行，一边演奏着小提琴。然而，正当他表演得起劲的时候，出现了意外。他对这双轮滑鞋如何制动还没有完全掌握，因此撞向了一面价值不菲的镜子，撞得头晕目眩，人被严重割伤，小提琴也毁了。问题是，那面镜子他赔不起，当时的镜子可比金子还贵。第二天报纸上就报道了默林的冒险行为，这件事给人们很大的震动，轮滑也被民众定义为危险的运动而冷落了数年。虽然默林没有为自己的发明申请专利，但之后近一个世纪内，轮滑鞋的设计都延续着默林的设计思路。

　　尽管轮滑运动在萌芽时期遇到了挫折，但是却阻挡不了人们对它体验的欲望与探索的步伐，轮滑器材的变革之花在新的世纪里重新盛开，以更绚丽的姿态呈现在世人面前。

　　1818年，轮滑运动出现在德国柏林的舞台剧表演中，重新进入公众视野。

　　一年之后，法国人佩蒂布莱德第一个为所设计的轮滑鞋申请专利。那双鞋的下方各装有3个排成一条直线的轮子，木头鞋底，用皮带固定在脚上，外观与现今的直排轮滑鞋相似。他认为穿着他的轮滑鞋能够做出和花样滑冰相同的动作，但是轮子排列的结构不允许这么做，而且这种材质的轮子在坚硬的表面总会打滑。这双鞋滑行起来很难控制，只可直线滑行，转弯很不方便，所以这种轮滑鞋并未得到推广。

　　在19世纪剩余的时间里，发明家们并没有停止对轮滑器材的改进。

　　1823年，英国伦敦的发明家罗伯特·约翰·泰尔斯发明了一种叫"Rolito"的轮滑鞋并申请专利，这双鞋各有5个排成一条线的轮子，中间的轮子比其他的轮子要大，使用者倾斜身体进行转弯，鞋尖带有夹板可固定在鞋或靴子底部。

　　1828年，另一项专利在奥地利颁发给了维也纳的钟表匠奥格斯特·罗纳。这之前，轮滑鞋都延续着单排的设计思路，只有罗纳的版本是三轮的，一个轮子在前，两个轮子在后，还加上了棘齿以防止轮子倒转。

衡量一项运动的发展程度除了器材与参与人数之外，专门性的活动场地也是重要的指标。

1857年，由于轮滑运动受到了很多人的喜爱，为了迎合民众的需求与社交的需要，伦敦的斯特兰德大街和花厅首次出现了公共轮滑场。场地能够出现在市中心这么重要的地段，可以看出当时的人们对这项运动的喜爱程度。

1860年3月，麦迪森德瑞本·舍尔发明了在地板上滑行的室内轮滑鞋，他为了克服之前轮滑鞋难以控制的缺点开发了一种新的轮滑鞋。这双鞋有4个轮子，有轮架，轮子上套有橡胶或皮质的套圈，能够使轮子抓住地面，并用3条橡皮筋绑在鞋上进行滑行。新的轮滑鞋结构设计精密，外观精美，标志着轮滑器材制作向着更加精致化的方向发展。

下面将要介绍一位对轮滑器材革新起到巨大推动作用的重要人物。1863年，被称作"现代轮滑之父"的美国发明家詹姆斯·莱昂纳多·普林姆普顿（1828—1911）对轮滑鞋进行了革命性的改进，把主流的一字排轮滑鞋设计成4个轮子，两两并排的结构，将木制轮子换成金属轮子，并在鞋的设计结构中加入转动橡胶垫部件，可使滑行者利用身体重心的偏移来改变滑行方向。这双鞋具有更高的安全性和简易的操作性，受到了大众的喜爱，并被称为"摇滚轮滑鞋"，对轮滑运动的普及与推广起到了极大的促进作用。同时，普林姆普顿还在纽约市和纽波特市开办了一些早期的轮滑场，成立了世界上第一个轮滑俱乐部，并制定轮滑场的规则，教大家如何进行轮滑课程学习，以及测试轮滑爱好者滑行的熟练

程度，组织成立纽约轮滑运动协会，首次举办轮滑运动比赛。轮滑运动在美国火爆地开展起来，并很快风靡整个欧洲。

1875年，在英国普利茅斯的轮滑场举办了首次轮滑比赛，大众被这种极具观赏性且紧张刺激的竞赛所吸引，这进一步增加了轮滑运动的影响力。

1876年，英国伯明翰的威廉·布朗为一款轮滑鞋的设计申请了专利。他的发明主要体现在轮子与固定轴的表面彼此分离，而又不影响固定与转动。之后，布朗与约瑟夫·亨利·休斯密切合作，在1877年为自行车和马车车轮设计了一种滚珠轴承并申请专利，这是他们最突出的成就，滚珠轴承的发明为日后的自行车、汽车，乃至轮滑器材的变革与发展奠定了基础。

同年，在轮滑鞋的下方安装制动器的设计被申请专利，这一设计可使滑行者在鞋跟抬起、鞋尖触地时立即停止，大大增加了滑行制动效果，现今的双排轮滑鞋还在沿用这一设计。

19世纪80年代，美国开始大规模生产轮滑器材，这是这项运动几个较繁荣的时期之一。印第安纳州里士满制造商亨利的工厂在生产高峰时，每周可产出15000双轮滑鞋。亨利尝试用更轻的轮子做轮滑鞋，用进口的土耳其黄杨木作为轮子的制作材料。事实证明，这些轮子比以前的轮子更耐用。芝加哥的轮滑鞋制造商们推出了一款有脚趾夹和铸铁底部的轮滑鞋，在那之前，轮滑爱好者的脚都是被绑在木制底部的鞋上，前后都有皮带固定。亨利设计生产的轮滑鞋首次使用可通过螺钉调节松紧的部件，现今轮滑器材的制造依旧沿用这一设计。

1884年，一位叫理查森的设计者获得了一项专利，他在轮滑鞋上使用带有滚珠的轴承，以减少滑行的阻力。从此，滚轴溜冰鞋问世，这种鞋可以大大提高滑行速度，增加轮滑运动的乐趣。理查森于1898年开办理查森滚珠轴承与溜冰器材公司，该公司为当时很多专业的轮滑选手提供溜冰鞋。

1892年，纽约的沃特·尼尔森为他的捆绑式轮滑鞋申请了专利。这双鞋具有

14个轮子，安装了一只橡胶或者皮质及类似材料的装置，如果轮滑者想要刹停，只要踩下这块制动片即可。他的设计在那个时代很超前。这些轮滑鞋大都参考了冰刀的原理，试图让大家在无冰期能够很好地获得滑行速度上的享受。

在社会发展进程中，一些标志性的历史事件也对轮滑运动的发展起到影响。

1895年，巴黎爆发工人大罢工。罢工者封锁街道，正常的交通工具无法使用，不想被辞退的工人想出了用轮滑代步的主意。这场经济不景气引起的罢工，让巴黎的大小运动品商店着实景气了一番。为期三周的罢工结束了，可巴黎人已经习惯了穿轮滑鞋上班。为了确保"刷街权利"长久地存在下去，轮滑一族上书巴黎市政府，要求每周五晚举行轮滑大游行。经过一番讨价还价，轮滑一族最终获得了此项权利。此后，每周五晚就成了巴黎人的轮滑节，每次轮滑游行活动都有成百上千人参加，延续至今。

19世纪，双排轮滑鞋的设计一直保持着统领的地位，在20世纪之前都是主流的轮滑器材。轮滑运动的形式与功能更加多样化，不仅仅局限在滑行体验上，进一步向社会文化方向发展，融入人们的生活、娱乐。轮滑运动成为民众健身、社会交往、交通出行、休闲娱乐的重要手段。

1900年，派克斯奈德公司获得了一个有2个轮子的直排轮滑鞋的专利。

1902年，美国芝加哥体育馆开办了一个公共轮滑场，有超过7000人见证了开业晚会的盛况。可见轮滑运动在当时的受欢迎程度。

1938年，美国伊利诺伊州的克里斯蒂安·西佛特设计了一双廉价的轮滑鞋，起名为"Jet Skate",并申请专利。这双鞋不仅可以用于在道路上滑行,也可以装上剖面很窄的轮子在冰上滑行。生产商在报刊上登出宣传广告,以更快、更顺、更轻、更易掌握的特性带给滑行者全新的体验作为宣传口号。而且,这双鞋在结构设计上还带有紧急刹停装置,大大增加了滑行的安全性。

随着大众参与度的增加,直排轮滑鞋与滑冰器材越来越相似。1977年,直排轮滑出现在影视作品中,德国电影《跳破的舞鞋》使用了类似冰鞋的直排轮滑鞋,这个故事取材于童话故事《12个跳舞的公主》,拍摄是在一个冰冻的湖面上完成的。

1979年,美国明尼苏达州明尼阿波利斯的奥尔森兄弟偶然发现了一双20世纪60年代由芝加哥轮滑公司制造的直排轮滑鞋,并且找到了冰上曲棍球训练的替代器材,他们开始使用现代材料重新设计轮滑鞋,并搭配冰球靴。几年后,斯科特·奥尔森开始大力推广直排轮滑鞋,并创办了 Rollerblade 轮滑器材公司。

1983年,美国总统罗纳德·里根宣布10月为全国轮滑月,以轮滑这项运动来促进大众健身,增强民众体质。

1993年,轮滑运动的主动制动技术问世,Rollerblade 公司设计并开发了 ABT 主动制动技术以提高安全性。

在20世纪80年代末和90年代初,Rollerblade 成为非常著名的轮滑鞋品牌,他们启发了许多公司来制作与之类似的直排轮滑鞋,而直排轮滑鞋比传统的双排轮滑鞋更受欢迎。Rollerblade 逐渐成为人们心目中直排轮滑的代名词,很多人把轮滑的各种形式称为"Rollerblading"。

在20世纪80年代和90年代的大部分时间里,向普通大众销售的直排轮滑鞋的鞋靴主要使用硬塑料,类似于滑雪靴。在1995年左右,"软靴"设计问世,由体育用品公司 K2推出,并被定义为休闲健身轮滑鞋,其广阔的市场前景使其他公司很快跟进。到21世纪初,硬壳鞋靴的设计主要局限于强度大、需要更好的脚部支撑的专门性的直排轮滑项目中。

1924年4月21日，德国、法国、英国和瑞士四国的11名代表相约在瑞士蒙特勒，成立了世界上最早的国际滚轴溜冰联合会。随着轮滑运动的发展，国际奥林匹克委员会正式承认了轮滑运动项目的国际联合会，从此轮滑运动在世界各国得到了广泛的开展，尤其是在欧美各国更为普及。

自1936年首次在瑞士举行的世界轮滑锦标赛后，国际滚轴溜冰联合会决定，每年举行一次世界速度轮滑锦标赛（包括场地赛和公路赛）、一次世界花样轮滑锦标赛、一次世界轮滑球锦标赛。

1952年，国际滚轴溜冰联合会正式更名为"国际轮滑联合会"。1980年9月，国际轮滑联合会第36次例会通过决议，接纳中国轮滑协会为该联合会的正式会员。轮滑运动不受气候和条件的限制，因此迅速普及开来。

扫码观看视频

第二节
轮滑运动项目简介

　　经过了百年的发展与器材的革新，轮滑运动凭借着项目自身的魅力吸引着全世界成千上万的爱好者。人们享受着轮滑带来的乐趣，收获着轮滑带给身心的益处。随着轮滑项目的普及，大众创造性地利用器材及滑行场地的特点演变出多种轮滑娱乐及竞赛形式。总的来讲，轮滑运动的项目从参与层次上可划分为以健身、娱乐、代步等单一滑行为主的大众休闲轮滑和以赛事为主的竞技轮滑，且存在多种竞赛项目。下面对竞技轮滑的每个项目逐一进行介绍。

花样轮滑

　　花样轮滑起源于18世纪的英国，后相继在德国、美国、加拿大等欧美国家迅速开展。与其他轮滑竞技项目不同，花样轮滑是一项艺术与运动结合的体育项目，除了要掌握滑行技术，对运动员的艺术表现力也有极高的要求。在音乐伴奏下，运动员穿着轮滑鞋在木地板上滑出各种图案，表演各种技巧和舞蹈动作。裁判根据动作评分，决定名次。无论从项目的特点还是比赛的形式来讲，花样轮滑和花样滑冰都极为类似。花样轮滑比赛的项目包括男、女单人滑，男、女双人滑和轮舞。单人滑包括规定图形和自由滑两部分，其中自由滑又分为短节目和长节目。花样轮滑还分为单排和双排两个组别。

扫码观看视频

速度轮滑

速度轮滑是体能主导类的周期性运动项目，是类似速度滑冰的轮滑竞赛项目。速度轮滑由于在比赛过程中竞争激烈，视觉冲击力强而受到人们的喜爱。

速度轮滑的竞赛形式分为场地赛、公路赛、马拉松赛等。第1届速度轮滑世界锦标赛于1937年在意大利蒙扎举办，此赛事延续至今，已经举办了66届。其竞赛规则也在逐步完善，以适应器材、场地的发展，及增添赛事的观赏性。目前的速度轮滑比赛都采用单排轮滑鞋。

场地赛的场地建在露天或室内，是由两条长度相等的直道与两条相对称且半径相同的弯道相连接组成的椭圆形赛道。标准场地赛跑道周长200米，比赛项目分为：500米、1000米、10000米、15000米个人赛及3000米接力赛。

公路赛的赛道宽度不少于8米，且为平坦、没有凹陷和裂缝的道路，分为封闭式与开放式两种。

轮滑马拉松赛是轮滑公路赛的正式比赛项目，利用轮滑工具在开放式的公路跑道上进行42.195千米的竞速类滑行比赛，是欧美地区最盛行、参赛门槛较低、参与人数最多的轮滑比赛和活动形式。

速度轮滑竞赛类型分为：计时赛、争先赛、淘汰赛、群滑赛、积分赛、接力赛。

扫码观看视频

轮滑阻拦赛

轮滑阻拦赛又被称作"轮滑德比"，起源于美国，由20世纪30年代的轮滑马拉松演变而来。利奥塞尔泽和达蒙鲁尼恩将这项运动发展成独立的比赛形式，一经推广便迅速流行起来。1940年，美国约50个城市有超过500万名观众观看这项比赛。然而，在随后的几十年里，它主要变成了一种体育娱乐形式，戏剧元素掩盖了运动精神。在21世纪初，这项运动在民间复兴。

轮滑阻拦赛最初都是由女性选手参加，且对抗性极强。如今的轮滑阻拦赛，既保留了激烈的身体对抗，又在比赛服上加入了现代女性的时装元素，因此具有很强的观赏性。轮滑阻拦赛的选手脚穿双排轮滑鞋，在椭圆形赛道上由两支队伍竞赛，不只比速度，还要进行身体对抗。两队分别派5名队员上场，其中有3名拦截队员、1名策应队员、1名得分前锋。第一声哨音响起，拦截队员和策应队员迅速滑出；第二声哨音响起，位于队伍最后方的前锋奋力滑行，只要超过对方策应队员即可成为领先前锋，超过对方队员越多，得分越高。每两分钟为一次阻拦，每次阻拦后计算前锋得分。目前世界上的轮滑阻拦赛也有男子队伍参加。

扫码观看视频

轮滑球

轮滑球起源于冰球，其规则和冰球极为相似。它与冰球的最大区别在于，轮滑球不允许有身体冲撞。轮滑球分为两个大类，一类是在美国比较流行的单排轮滑球；另一类是在欧洲比较流行的双排轮滑球。双排轮滑鞋的普及要早于单排轮滑鞋，所以双排轮滑球是最早的轮滑球比赛形式。第一届世界双排轮滑球锦标赛于1936年在德国举办。1992年，双排轮滑球还成为奥运会的比赛项目。

比赛中，每队有14名选手，每次有5名选手上场，其中1名是守门员，且随时可以换人。双方队员持曲棍，通过传球、控球，最终将一个小而硬的圆球射入对方球门得分。

轮滑球比赛场地是平整坚硬的水泥或木地板，场地长40米，宽20米，任何情况下必须保证2比1的长宽比，并允许有10%的误差。轮滑球以个人技巧和团体协作为基础，比赛规则宽松，具有很强的对抗性。尽管轮滑球起源于英格兰，但这项运动在一些拉丁语系国家，例如西班牙、葡萄牙和阿根廷更加流行，这些国家都有职业俱乐部。

扫码观看视频

高山速降

高山速降是使用各种速降运动平台从小山等高处高速下滑的运动，要求运动员在合理的规则下，在竞争程序的公正下，在尽量减少危险性的前提下从起点最快地滑行到终点。速降的速度如此之快，因此保护措施不容忽视。一个速降滑手，除了要有一双性能优良的速降轮滑鞋之外，还要有一个专门为越野摩托车或速降设计的轻便、保护性好的"全盔"。它多为高韧度碳纤外壳，泡沫胶内层，口鼻前面有缓冲胶，再配一副能见度高的透明眼罩。此外，还需要一套保护周全的"护身甲"，其中包括一件连接护肩、护臂、护肘、护腕和护胸的甲衣，一对长及小腿胫骨的铁壳或胶壳护膝、一个腰封。当然还要有一双皮质柔软、手感好的手套。另外，裤子也非常讲究，一些重要部位如大腿内侧、臀部也需要用加厚的棉垫来保护。高山速降作为一种以刺激、危险著称的极限运动，很早以前就已经在一些欧美国家盛行。目前该项目成绩较为突出的运动员来自法国、意大利和德国。

扫码观看视频

轮滑回转

轮滑回转源于高山滑雪比赛的回转项目，比赛在山坡上进行，线路上设置多种形式的旗门。运动员从山顶沿线路连续转弯穿越旗门下滑。比赛分回转、大回转、平行回转、团体赛、综合回转、平回转六种（中国轮滑协会2020年规则）。每种项目都有不同的起点、终点、高度差的要求。而轮滑回转，受制于场地和安全的限制，通常只能举办回转和大回转赛事。这项运动滑行绕过的旗门与高山滑雪回转项目极其相似，是高山滑雪项目很好的夏季替代训练手段。热爱滑雪的爱好者不妨在夏季领略一下这个项目的乐趣。

扫码观看视频

自由式轮滑

年轻、时尚、动感是自由式轮滑项目的特点。自由式轮滑是轮滑运动中最年轻的项目，无论是项目起源，还是参与人群，都称得上年轻。在我国，早期爱好者们称此项目为"平地花式"，后由中国轮滑协会定名为"自由式轮滑"。

自由式轮滑运动主要是指选手在一排或多排相隔不同距离的桩之间进行无起跳的绕障碍轮滑活动。比赛场地一般设置3排桩，每排20个，每行桩的桩间距分别为0.5米、0.8米、1.2米，并编排不同的过桩难度和技法。

根据绕桩的类型，自由式轮滑分为两个项目，花式绕桩和速度过桩。花式绕桩要求在音乐的伴奏下，选手在绕桩的同时完成各种花式动作，要求选手基础技术熟练，掌握一定的难度动作，舞美、音乐与滑行整体协调流畅。它包含技术、难度、观赏性等综合要素。速度过桩则要求选手用最快的速度绕过所有的障碍桩。这两个项目均已成为中国轮滑协会指定的正式比赛项目，并于2017年成为第十三届全国运动会的正式比赛项目。

除了这两个正式项目之外，在自由式轮滑比赛中通常还设有一些表演项目，如双人及多人花式绕桩和花式刹停等。

扫码观看视频

极限轮滑

极限轮滑也叫"特技轮滑"，是在街道或道具上做出跳跃、腾空等高难度的技术动作的轮滑项目，玩极限轮滑的人被称为"rollerblading"。时尚炫酷、挑战极限、刺激惊心是这个项目的特点，这使其具有极佳的观赏性。极限轮滑赛是欧美国家收视率火爆的体育运动电视节目之一，项目商业化运作成熟。对于这个项目的爱好者，在器材选择上，按个人意愿与习惯可以选用直排或双排极限轮滑鞋。该项目的场地主要分为街区场地和专业场地，专业场地分为道具赛场地、半管、U型池和碗池。

极限轮滑起初都是使用双排极限轮滑鞋，后来独立发展出单排极限轮滑，然后拥有了自己独立的赛事，成为了新兴热门项目。双排极限轮滑和单排极限轮滑玩家不同，在追求技巧上超越的同时，世界范围内的双排极限轮滑玩家都致力于改装自己的双排极限轮滑鞋。由于原装极限轮滑鞋的滑块部分为金属板，所以国外玩家都是自己将定制的尼龙滑块安装于双排极限轮滑鞋上，甚至直接使用长方形枫木板，加装双翘滑板桥和尼龙滑块，亲自制作双排极限轮滑鞋，这样卡台性能极佳，还能有效提高抓地力，让人更安全地享受极限轮滑带来的快感。

扫码观看视频

第三节
轮滑鞋介绍

　　学习轮滑要做的第一件事就是选择一双合适的轮滑鞋。对于初学者来说，最困惑的就是轮滑鞋都分为哪些种类以及如何选购。下面就从轮滑鞋的种类、如何选购、轮滑鞋的构造及如何保养四个方面向大家全面介绍。

轮滑鞋种类

　　轮滑鞋从结构上分为两大类，分别为直排轮滑鞋和双排轮滑鞋。

　　现今，无论是利用轮滑进行娱乐或休闲健身，还是竞技比赛，主流都是应用更加轻便与灵活的直排轮滑鞋。而双排轮滑鞋主要应用在花样轮滑、轮滑阻拦及双排轮滑球这三个项目上，这些项目参与人数少。因此为了使初学者便于器材购买及更快掌握轮滑滑行技术，本课程的轮滑技术教学都是基于直排轮滑鞋的。下面对直排轮滑鞋进行介绍。直排轮滑鞋按照项目及用途主要分为以下几类。

·休闲轮滑鞋（软、硬壳）

休闲轮滑鞋是以休闲滑行、娱乐、健身为主要用途，强调舒适、安全，是最常见也是最普及的轮滑鞋种类，见图1-1。从结构上讲，最具代表性的就是高鞋帮并有内鞋胆，四个轮子的直径相同，有些鞋上会配有刹停器，鞋壳还会分为侧重舒适的软壳与提供更佳脚踝支撑效果的硬壳两种。

扫码观看视频

图 1-1　休闲轮滑鞋

·自由式轮滑鞋（硬壳）

自由式轮滑鞋是自由式轮滑项目的专用器材，用于花式绕桩、轮滑刹停、刷街等，由休闲轮滑鞋演变而来，结构基本与休闲轮滑鞋类似，鞋面多以硬壳为主，见图1-2。自由式轮滑鞋最大的特点就是为了便于做出更多的绕桩花式动

图 1-2　自由式轮滑鞋

作，采用轮子直径不同的结构，使轮滑鞋在滑行过程中更易转动：在四个轮子中，第一个和第四个轮子比第二个和第三个轮子要小，这样可以模仿类似花样滑冰鞋冰刀的弧度。

扫码观看视频

·速度轮滑鞋（碳纤维、玻璃纤维、皮质或革质）

速度轮滑鞋是速度轮滑项目的专用器材，轮滑鞋的结构设计最大程度满足快速滑行的需要，外观上最显著的特征就是低鞋帮、轮架长、轮子大，见图1-3。为什么会有这样的结构？因为速度轮滑项目需要较低的滑行姿态，为了使小腿与脚踝获得更小的夹角，创造更远的蹬动距离，所以设计成低鞋帮。同时，为了增加高速滑行中的稳定性及蹬动的力矩，架子的长度较休闲轮滑鞋更长，为了减轻器材的重量及提高强度，速度轮滑鞋的上鞋多以碳纤维及玻璃纤维材料制成。相比玻璃纤维，碳纤维的强度及轻度更胜一筹，且鞋面与鞋里由皮革包覆，与此同时，售价也会更高。由于制鞋工艺的进步，为了让运动员穿着更舒适，可运用脚模技术定制完全符合运动员个人脚型的轮滑鞋上鞋，以减少对脚的挤压。

扫码观看视频

图1-3 速度轮滑鞋

· 轮滑球轮滑鞋

轮滑球轮滑鞋是轮滑球项目的专用器材，因为轮滑球是由冰球项目演变而来的，所以轮滑球轮滑鞋与其他类型的轮滑鞋相比，最大的区别就在于轮滑球轮滑鞋的上鞋使用冰球鞋，而为了增加抓地力，其轮子采用较软的硬度，同时，为了灵活变向、转弯，其轮架较短，见图1-4。

扫码观看视频

图1-4　轮滑球轮滑鞋

· 极限轮滑鞋（硬壳）

极限轮滑鞋分为两轮和四轮两种。四个轮子的轮架中间轮径小，两边轮径大，架子中间有带凹槽的滑块以供卡管。极限轮滑鞋从构造上来说是站得最稳、保护性最强、最安全的轮滑鞋。极限轮滑鞋的轮子直径只有58毫米左右，鞋离地的高度降到了最低点，而且使用平轮，接地面积大，新手用它几乎可以免去先学平衡站立的步骤。正是因为它这样稳定，高手们才用它做极限动作。高鞋帮、厚鞋靴最大程度地保护了脚踝；因为有坚固的鞋身，所以即使新人不适当地使用，也不易玩坏；并且所有配件都可以拆卸更换，见图1-5。

扫码观看视频

图1-5 极限轮滑鞋

初学者轮滑鞋的选择

通过以上介绍，大家已经了解了轮滑鞋的种类。那么作为初学者，应该选择哪种直排轮滑鞋呢？初学轮滑的人，大部分都存在一定的恐惧心理，所以在轮滑鞋的选择上应挑选站立平稳、易于控制的。此外，初学者普遍存在脚踝力量薄弱的现象，帮助脚踝固定尤为重要。

综上所述，初学者选用休闲轮滑鞋或自由式轮滑鞋为佳，根据脚踝力量及穿着舒适度自愿选择硬壳或软壳即可。

·如何选购轮滑鞋

　　初学者应如何选购轮滑鞋呢？现今市面上普遍在售的轮滑鞋以休闲轮滑鞋、自由式轮滑鞋、速度轮滑鞋为主，在综合体育品商店都可以购买到。由于电子商务的发展与普及，购买的渠道也更加多样化。但是轮滑鞋属于专门性的体育器材，不同于普通运动鞋，所以亲自试穿尤为重要，在体育品商店购买还是比较可靠的。根据市场的情况及爱好者的反馈，价位在500元以上的轮滑鞋质量普遍过关。

扫码观看视频

 小·贴·士

在购买轮滑鞋时，应遵循以下几个步骤。

　　（1）感觉鞋子整体的重量。由于用料的差别，质量好的轮滑鞋普遍要重于质量差的轮滑鞋。

　　（2）手用力捏一捏上鞋的鞋壳，看看形变度，见图1-6。如果形变度很小，说明质量过关；如果太软，就不能给脚踝很好的支撑，滑行中容易受伤。

图1-6　检查鞋壳

　　（3）用手感觉一下架子的材质及厚度。如果用力捏架子易产生形变，说明质量一般；如果很硬实，说明强度较好。

　　（4）手用力拨动轮子使其空转，看空转的速度及轮子摆动的幅度。如果轮子转速快，说明轴承好；空转时轮子摆动小，说明制造的精密度高及轮子的质量好。

　　（5）确定尺码，最好的方法就是测量出脚的长度。如图1-7所示，可赤脚踩在纸上，用笔描出脚的轮廓，再用尺子测量轮廓的长度，即可得出脚的长度，以便选择相对应的尺码。

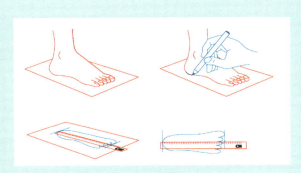

图 1-7　测量脚长

轮滑鞋部件介绍

一双轮滑鞋是由哪些部件构成的呢？各部件有哪些性能与参数？哪一个部件科技成分最高？接下来就以直排休闲硬壳轮滑鞋为例向大家逐一介绍。其部件如图1-8所示。

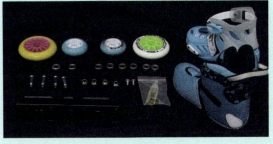

图 1-8　轮滑鞋部件

·鞋壳

硬壳鞋的鞋壳是由硬塑材料制成的，有固定架子、鞋带、扣环的孔，为了增加透气性，上面设计有透气孔；鞋壳不能太重，能提供脚踝的支撑但不束缚脚踝。

扫码观看视频

· 内鞋

在鞋壳里有一只可取出来的内鞋，内鞋的长度和宽度决定了脚跟的支撑点和鞋腰的长度，内鞋还起到滤震、增加舒适度的作用。为了更好地站立，内鞋应该高过脚踝，同时，脚踝处有软衬垫，衬舌能分担压力，内鞋必须有良好的透气性和包裹性，使鞋和脚能合二为一。图1-9为内鞋细节图。

扫码观看视频

图1-9　内鞋

· 轮架

轮架是一双鞋的骨架，起到将蹬动力量传导到轮子的作用。轮架与鞋壳被铆钉或螺丝紧紧连接在一起。轮架的精密度尤为重要，精密度高的架子可减少轮子的摆动并确保每个轮子在同一水平线上。现今，轮架都是由铝合金及塑料制成的。铝合金材料的架子采用CNC数控车床加工工艺，具有坚固耐用、重量轻的特点。轮架越长，越容易进行直线滑行，轮架通常安装在鞋的正下方，而且位置要十分精确，否则会影响脚部的血液循环，甚至导致脚部畸形，轮架位置的微小变化都会影响滑行的方向和速度。图1-10为轮架细节图。

扫码观看视频

图1-10　轮架

· **轮子**

　　所谓轮滑鞋，就是装有轮子的鞋，轮子是轮滑鞋最重要的部分，它连接轮滑者与地面，使轮滑者能自由滑动。目前，市面上有很多种轮子，它们在大小及软硬度方面存在着差异。优质轮子采用聚氨酯SHR级别的高弹材料制作，弹性好、耐磨性高、静音效果佳。图1-11为轮子细节图。

图1-11　轮子

　　轮子的直径在50~125毫米之间，所有的轮子都标有"mm"或"A"。"mm"表示轮子的直径，"A"代表轮子的软硬度。轮子的硬度与尺寸大多数印在轮子的一侧，目前轮子的最大硬度为100A，最小硬度为74A，休闲轮滑鞋的轮子硬度为76A。大的轮子在滑行时速度更快，小的轮子则更坚固及灵活。硬度大的轮子在坚硬、平坦的地面或在栏杆、阶梯上滑行时有优势。比如进行极限轮滑时，常用单腿跳向地面，所以必须使用硬的轮子，但是由于硬度较大，抓地力较弱。软轮子适合在粗糙的地面滑行，能够减少震动并牢牢抓住地面，但是，这种轮子很容易磨损。

　　在选择轮滑鞋时，可用两个简单的方法鉴别不同品牌的轮子的质量。第一个方法就是用直径相同的轮子进行回弹力对比，在同一高度让轮子自由落体，回弹度越高说明轮子的用料越好，如图1-12所示。第二个方法就是，用手拨动轮子转动，看轮子的摆动幅度。质量优良的轮子，其制作精密度高，在转动时摆动的幅度很小，制作工艺粗糙的轮子就

图1-12　轮子的回弹度对比

会有很大的摆动，影响滑行的速度。除了大小、软硬度、弹性和材质，外形较尖的轮子有一个圆的负荷面，并且阻力更小，所以滑动很快；外形较平的轮子，滑行安全系数更大。

扫码观看视频

·轴承

轴承是轮滑鞋的核心部件，也是轮滑鞋所有部件中精密度与科技含量最高的部件，现今制作轴承的材料主要选用专用轴承钢及碳钢。

轴承主要由五部分构成，分别为：外圈、内圈、护圈、滚珠、密封薄片。图1-13为各种轴承。

在轴承内有7个滚珠，通常为钢质，更高级别的轴承滚珠有采用陶瓷材质的，在国际上采用美国工程委员会 ABEC 标准作为轴承精密度的指标，共分5个等级，由低到高排序为 ABEC-1、ABEC-3、ABEC-5、ABEC-7、ABEC-9。ABEC-9的精密度最高，转动摩擦力最小，转速最快，当然，售价也是最高的。优质的轴承精密度高、转动摩擦力小、安静、转动快速。

图1-13 轴承

扫码观看视频

·**轮轴**

轮轴俗称"轮子穿钉"，是使轮子固定到架子上的部件，由铝质材料制成，见图1-14。现今，为了拆卸方便、快速，大多采用单边轮轴，并使用六棱扳手旋拧。为了避免轮子晃动，在安装轮子时应把轮轴拧紧；但是应掌握好松紧度，如果过紧，在拆卸的时候就会很难拧开，甚至出现轮轴棱面磨平现象，导致轮子无法拆解。

图1-14　轮轴

扫码观看视频

·**轮滑鞋初级保养方法**

（1）在经过一段时间的滑行后，轮子就会产生一定的磨损，尤其是轮子内侧的磨损要大于外侧，为了使两侧磨损均匀，延长使用寿命，要定期对轮子进行位置对调保养。调换方法有如下两种。

第一种方法是位置对调。在滑行蹬动过程中，前面的轮子受力更多，而且有些爱好者弯道滑行较多，会导致一只鞋的轮子磨损大于另外一只，所以应把左右脚的轮子对调来平衡磨损程度。可将左脚第一个和右脚第三个轮子对调，左脚第二个和右脚第四个轮子对调，左脚第三个和右脚第一个轮子对调，左脚第四个和右脚第二个轮子对调。

第二种方法为轮面对调。拆卸后，轮子位置不动，左右旋转180度，把磨损严重的内侧转到外侧，使轮子两侧都得到很好的利用。

（2）不要在下雨天或潮湿的地面上，沙子、灰尘较多的地面上滑行。在上述地面滑行不仅极易造成摔伤，而且会使水和脏东西进入轴承内部，造成滚珠的磨损，缩短轴承的使用寿命。

（3）在拆卸轴承时，不可用力挤压密封薄片，否则易造成薄片变形，既阻碍转动，又容易使灰尘进入。

（4）为了使轴承在转动时保持最佳状态，应往轴承内部滚珠上注入一定量的润滑液。如果轴承没有经过润滑就开始转动，就会产生极大的摩擦，造成滚珠的损耗，缩短轴承的使用寿命。将轴承进行润滑能够避免这种情况的发生，因为有了润滑液的存在，在滚珠与轴承护圈之间就会产生细小的油薄膜，从而减轻材料的磨损。轴承润滑液分为两种，一种是流动性极佳的润滑清油，另一种是凝固状的润滑油脂，两者各有利弊。润滑清油为液态油，在轴承转动过程中，由于润滑油带来的阻力很小，所以轮子可以获得很高的转速；但是由于清油流动性极佳，在高速滑行时就会有一部分润滑油甩出，持久性较低，需要经常加注。润滑油脂则对滚珠具有极好的保护作用，持久性极佳；但因为是凝固状，需要使轴承经过一段时间的转动产生热量熔化油脂，才能带来更好的转速。使用润滑油脂带来的阻力是润滑清油的10~40倍，大家可根据需要选择不同的润滑液对轴承进行保养。

（5）每次使用后，要把鞋带及扣带系上，以避免鞋体变形。

（6）注意保持鞋内卫生。在炎热的夏季，脚部容易大量出汗，使用后应及时将轮滑鞋在通风处晾干或烘干，这样可有效抑制细菌的滋生及去除异味。

扫码观看视频

第二章

PART 2

轮滑运动的
前期准备

第一节
如何穿鞋、佩戴护具

当您带着心仪的轮滑鞋打算开启轮滑之旅时，千万不要操之过急，还有几点轮滑前的注意事项需要您了解，比如如何穿着轮滑鞋更舒适，怎样佩戴护具才能最大程度地避免摔伤，以及摔倒后该如何站立，这些知识都是必须要掌握的。下面将带领大家学习进行轮滑运动的准备工作，使大家更加安全、舒适地体验这项运动带来的乐趣。

穿鞋

在穿鞋之前要找到一个高度合适的座位。根据每个人身高的不同，应选择的座位高度在膝关节偏下一些，如图2-1。座位过高或者过低都会使穿轮滑鞋的过程非常费力，而且脚穿进去之后会影响舒适度。

扫码观看视频

图 2-1 合适的穿鞋高度

　　一般的休闲轮滑鞋都会有2~3个扣带，分布在脚面或脚踝处，穿鞋时应先把轮滑鞋的扣带全部解开，鞋带解松，尤其应将轮滑鞋的脚踝部位的开口尽量撑大，方便脚部进入鞋内，如鞋舌或鞋垫不平应整理平整，否则会影响舒适度。当脚穿进去以后，可让脚在鞋内活动几下，感受是否有不舒适的部位，并及时调整。见图2-2。

图 2-2　解开扣带、整理鞋舌

　　当脚部调整妥当后，开始固定扣带及系紧鞋带，在此之前应把鞋舌整理平整，全部压在鞋壳内，不可罩在鞋壳外面，以免将扣带撑开带来危险及影响舒适度。原则上，无论是初学者还是熟练的滑手，脚踝处的扣带及鞋带一定要系紧，鞋腰内衬全部贴合脚踝，使鞋腰给予脚踝处足够的支撑及保护，防止扭伤；脚趾处的鞋带可系松一些，可使脚趾在鞋内活动；脚面的扣带松紧适中，不要系得太紧，以免导致脚部血液流通不畅。见图2-3。

图 2-3　固定扣带

选择护具尺码

护具可起到在摔倒时有效保护滑行者各关节的作用，护具的尺码要选择适宜，太大容易滑脱，太小难以起到保护作用。那么，如何确定合适的尺码呢？

护具要从两个指标来确定尺码：体重和各关节围度。关节围度使用皮尺进行测量。手臂测量临近肘关节的大臂及小臂的围度，腿部测量临近膝关节的大腿及小腿的围度，手部测量手腕及手掌的围度，见图2-4。根据测量的数据和自身的体重对应商品的号码对照表来选择合适的护具。

扫码观看视频

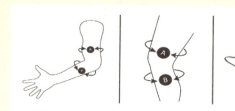

图2-4 测量各关节维度

佩戴护具

护具分有防脱套绑带及简易绑带两种，对于初学者，建议选择有防脱套绑带的护具，见图2-5，可避免绑带撑开导致护具脱落。佩戴护具时，应保证各关节都在硬壳保护范围之内，不可戴歪，或者过高、过低，否则无法起到保护关节的作用；绑带松紧度应适中，避免护具上下左右晃动；如果绑带过长可使用 X 形交叉绑定法，见图2-6，增加佩戴的稳固性。绑带扣住后压实，可晃动几下，检查护具是否牢靠。

扫码观看视频

图2-5 护具

图 2-6　护具佩戴方法

佩戴头盔

　　佩戴头盔可大大降低滑轮滑时的受伤概率，给头部很好的保护。佩戴头盔时，为了舒适，应把头发整理平整。头盔前端边沿应压至眉毛上方，额头处应被头盔全部罩住，头盔后面应把后脑全部罩住。调整头盔的绑带至合适的长度，系上后，绑带应贴服脸部。最后，调紧头盔后部的松紧调节器，确保头盔不能上下左右晃动，起到更好的保护作用。见图2-7。

扫码观看视频

图 2-7　佩戴头盔

第二节 站立与摔倒

如何站稳

  在穿轮滑鞋站立时，两脚间的距离过远或过近都不利于稳定，极易摔倒。两脚的距离与肩膀同宽为佳，身体重量集中在每只轮滑鞋的第二个和第三个轮子中间，见图2-8。重心不可偏前和偏后，重心偏前，轮子会自动向后滑动；重心偏后，轮子会自动向前滑动。双脚要保持平行，如果双脚呈内八字，轮子就会自动向后滑动；呈外八字，轮子就会自动向前滑动。见图2-9、图2-10。

图2-8 站稳

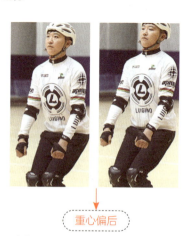

重心偏前

重心偏后

图2-9 错误动作

图 2-10　错误动作 2

按照上述要求站立时，轮子有略微的滑动属于正常现象，因为轮子是圆的，很难保持绝对的静止，所以，初学者应加强轮上站立练习，尽量在站立时使轮子保持稳定状态，利于技术动作的学习。

扫码观看视频

摔倒时的保护方法

对于初学者，在学习轮滑过程中摔倒是不可避免的，滑行时佩戴头盔与护具，可降低恐惧感，降低受伤的概率。由于摔倒时的状况各不相同，所以没有一种万能的摔倒保护技术。为了能把护具的保护效果发挥至最佳，介绍一种有效的向前摔倒的保护方法。当滑行时感到重心不稳要摔倒时，尽可能地降低重心，腹部和背部放松，膝关节、肘关节和手掌护具触地，缓冲摔倒时的力量，同时手指张开，护具的硬塑料可以防止手掌和关节受伤。在滑行时重心偏前一些，不可偏后，以免导致向后摔倒，向后摔倒要比向前摔倒的风险大很多，要加强重心的控制。见图2-11、图2-12。

扫码观看视频

图 2-11　向前摔倒正面示范

图 2-12　向前摔倒侧面示范

摔倒后如何站立

　　摔倒后，无论身体呈何种姿态，首先要做的都是使身体翻转正面朝下，呈双膝跪地，双手撑地姿态。待稳定后，一条腿抬起至单膝跪地，重心放至前腿，之后再把后腿向前抬起，使两脚平行或靠拢，感到稳定后，双手用力推地面使上体慢慢抬起。见图2-13。

扫码观看视频

图 2-13　摔倒后如何站立

第三章
PART 3

轮滑运动
适应练习

第一节
原地适应练习

为了建立轮子与地面接触的良好感觉，增加对轮滑鞋的控制力，增强稳定性，克服初次穿轮滑鞋站立的恐惧心理，以便更好地学习轮滑的滑行技术，下面介绍5个效果显著的原地适应的练习方法。

基本姿势

练习轮滑的首要任务是确定一个适合初级练习者的站立与滑行的基本姿势，良好的滑行姿势，可以降低摔倒与受伤的概率，起到很好的自我保护作用，还利于滑行技术的学习与发挥。原则上，不同的轮滑鞋对应不同的滑行姿势，鉴于本教程面向初学者，现以休闲轮滑的滑行姿势为基础展开技术教学。休闲轮滑的基本姿势较易掌握，两脚平分开，与肩同宽，平行站立，膝关节微屈，身体略微前倾，至手可触到膝关节处即可，重心放于第二个与第三个轮子中间处，目视前方，两臂放松下垂。见图3-1。

图 3-1　基本姿势

原地深蹲

以基本姿势站稳后，双臂平行向前抬起，目视前方，双手握拳。待稳定后，双腿慢慢下蹲，蹲至大腿与地面平行为止。稳定2秒后，双腿缓缓伸直至站立姿势。重复3~5次可明显降低初次穿轮滑鞋站立的恐惧感。见图3-2、图3-3。

扫码观看视频

图 3-2　正面蹲起示范

图 3-3　侧面下蹲示范

原地踏步

通过原地深蹲的练习，大家已经初步建立了穿轮滑鞋站立的感觉，在此基础上我们将学习下一个适应性技术——原地踏步。

首先呈基本姿势站立，加大上体前倾角度，双臂自然下垂至膝关节处并置于胸前，目视前方。待稳定后，一侧大腿用力抬起，轮子离开地面10厘米的距离后把脚缓慢放回地面。双脚交替做原地踏步，做20次为佳，也可逐渐增加抬脚的速度。见图3-4。

扫码观看视频

离地约10厘米

图 3-4　原地踏步

原地转身

双脚站稳后，挺胸抬头目视前方，双臂侧举，两手握拳，如图3-5所示。一只脚呈外八字分开，随后另一只脚跟随靠拢，重复这一动作至身体在原地旋转360度，按照相同动作再向相反方向旋转一周，左右转身各3次即可达到练习效果。见图3-6、图3-7。

扫码观看视频

图 3-5　转身准备动作

图 3-6　原地向左转 1

图 3-7　原地向左转 2

两脚平行前后滑动

基本姿势准备，手臂置于体前并自然下垂，两脚交替前后滑动，身体重心不要过前，也不要过后。做动作时体会轮子与地面接触及滑动的感觉，随着动作的熟练与控制能力的增强可加大前后滑动的幅度。见图3-8、图3-9。

图 3-8　两脚平行前后滑动1

图 3-9　两脚平行前后滑动2

扫码观看视频

原地小步跑动

为了进一步提高初学者脚穿轮滑鞋的控制能力，在熟练掌握穿轮滑鞋原地踏步的基础上，练习原地小步跑动。为了更加稳定地做这一动作，要求练习者保持较低的基本姿势，重心降低，收腹团身，轮滑鞋抬离地面不要过高，保持在5厘米即可。两脚交替抬离地面跑动，随着控制力的增强可逐渐增加跑动的频率。见图3-10、图3-11。

扫码观看视频

图 3-10　原地小步跑动 1

图 3-11　原地小步跑动 2

第二节
移动适应练习

　　为了进一步适应脚下的轮滑鞋，下面采用5种
移动适应技术来增强对轮滑鞋的控制能力。

踏步行走

　　基本姿势准备，一条腿向上抬起，随即脚向前迈出，落地后重心移至前腿，两脚交替踏步行进，如图3-12、图3-13所示。切记，在做踏步行走动作时，脚不要向后发力蹬动，由于脚下是轮滑鞋，所以不能根据日常走路的感觉做动作，否则就容易出现轮子原地滚动的动作。同时，为了增强对轮滑鞋的控制力与适应性，可在行进过程中不让轮子转动，只让脚往前挪动，增强练习效果。

扫码观看视频

图3-12　踏步行走正面示范

图 3-13　踏步行走侧面示范

侧向行走

基本姿势准备，以身体向左侧移动为例，左脚抬离地面侧向跨出肩膀宽度，落地后重心慢慢转移到左脚上，右脚收至与左脚靠拢。重复这一动作5次，再用相同方法向右侧移动5次。见图3-14、图3-15。

扫码观看视频

图 3-14　向左侧行走

图 3-15　向右侧行走

外侧轮着地行走

初学者常常出现的一种错误动作就是倒踝，如图3-16，不仅影响滑行技术的学习，而且还会对身体造成伤害。为了避免这一错误动作，外侧轮着地行走这一动作可以起到很好的定型和纠正作用。

扫码观看视频

注：倒踝动作示范，此动作为错误动作，请勿模仿

图 3-16　倒踝

首先身体呈直立姿态，两臂侧举，目视前方，双脚踝用力支撑并向外侧倒，如图3-17所示。运用踏步行走的技术动作，两脚向前交替踏步行进，如图3-18所示。需要注意的是，每次落脚都要外侧轮先着地，不可先以轮子中间着地再使脚踝向外侧倒。根据自身脚踝的受力情况选择走动距离，以每次15米为佳。

图 3-17　外侧轮着地站立

图 3-18　外侧轮着地行走

八字行走

　　轮子在以上三个练习中都没有发生转动，接下来的八字行走就会带来轮子的转动，是初学者最先练习的一个让轮子滚动起来的适应性练习。身体的整体姿势与踏步行走相同，两脚呈外八字站立，脚跟靠近但不要贴上，之后两脚交替做上抬下落，这时，轮子开始转动，身体向前移动。随着向前走动距离的增加，速度也会越来越快；但是，大家不要害怕，只要保持姿势不变，脚跟靠近，就不会发生失控的现象。在学习下一章直线滑行技术之前大量练习八字行走动作，可起到很好的铺垫作用。见图3-19至图3-21。

扫码观看视频

图 3-19　八字站立

图 3-20 八字行走正面示范

图 3-21 八字行走侧面示范

同蹬同收

同蹬同收动作不仅可以提高初学者对轮子的控制能力，同时还有助于初步建立侧蹬滑行的感觉，是一个一举两得的技术动作。基本姿势准备，两脚呈外八字站立。稳定后，两腿内侧肌肉发力，双脚同时使轮子内侧蹬地向前滑进，两脚宽度至1米左右时再用两腿内侧肌肉发力使两腿夹收靠拢。再次重复上述动作，逐渐做出连贯滑行的动作，并加快同蹬同收的动作频率，每一步的滑行轨迹呈两条弧线即达到最佳练习效果。见图3-22、图3-23。

约1米

图 3-22　同蹬

扫码观看视频

大腿内侧发力

图 3-23　同收

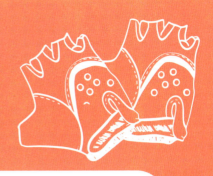

第四章
PART 4

直线

滑行技术

第一节
陆地辅助练习手段

通过轮滑适应性练习，大家已经对轮滑鞋有了一定的控制能力，已经初步了解轮子在陆地滑动的感觉，这一章我们将学习如何直线滑行。直线滑行技术是我们日常滑行过程中最常用的技术动作，因此学好此项技术是滑好轮滑的基础与关键。为了让大家更好地掌握技术要点，下面介绍4个陆地辅助练习方法。陆地模仿练习是学习滑行技术基本功及技术动作定型的重要手段，大家不仅要在学习技术动作之前进行此练习，在技术学习的过程中加强陆地模仿练习对滑行技术的提高也有很好的效果。

陆地侧蹬模仿

基本姿势准备，双手放松下垂，目视前方，在做陆地模仿动作时，重心可稍低一些，有利于加大蹬动的距离，见图4-1。

扫码观看视频

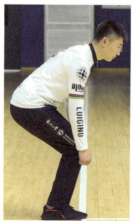

图4-1 陆地侧蹬模仿准备动作

接下来，一条腿侧向蹬出。蹬出去的腿在滑行过程中起到提供动力的作用，专业术语叫"侧蹬腿"；不动的腿在滑行过程中起到支撑身体，承接速度的作用，专业术语叫做"支撑腿"。见图4-2。侧蹬腿不要向身体后方或者前方蹬出。侧蹬腿的脚踝不能向外展开或者向内勾起，要使得两脚平行，为了达到好的模仿效果，应用脚的侧面着地，不要全脚掌着地，如图4-3所示。

图 4-2 侧蹬腿和支撑腿

图 4-3　侧蹬错误动作与正确动作对比

　　这里有一个非常关键的技术知识点：为了把身体重量集中到支撑腿上，需要把鼻尖与支撑腿的膝关节及脚尖对齐形成一条线，叫做"三点一线"。待支撑稳定后，侧蹬腿收回靠拢至支撑腿即完成一次侧蹬收腿动作，再用相同技术要点换另外一条腿蹬动，两腿交替侧蹬完成侧蹬模仿练习。见图4-4、图4-5。

图 4-4　三点一线

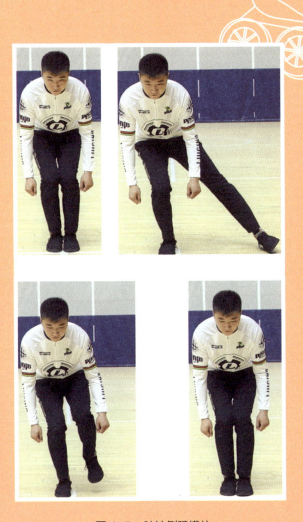

图 4-5 陆地侧蹬模仿

陆地侧蹬行走模仿

在掌握原地侧蹬的基础上，大家可以做进一步的移动模仿练习——侧蹬行走。在练习之前应在地面上标出一条直线或选取地面有标志线的场地。基本姿势准备，一条腿侧蹬，收回落地时脚落在另一只脚的前方，重心移至前腿，再侧蹬出另一条腿，两腿交替侧蹬并向前移动。需要注意的是，侧蹬腿收回后不要向前迈出太远，侧蹬腿的脚跟与支撑腿的脚尖宜紧挨。随着动作熟练度的增加可加快动作频率。见图4-6。

扫码观看视频

图 4-6　陆地侧蹬行走模仿

陆地单腿连续侧蹬模仿

为了体会在滑行中腿进行侧蹬的感受，可采用单腿连续侧蹬的练习方法。以蹬右腿为例，基本姿势准备，在侧蹬前左脚应抬起2厘米左右，右腿蹬动把整个身体蹬向左侧，待侧蹬腿蹬直后，左脚随即落地，身体重心也同时落在左腿上，见图4-7、图4-8。在做单腿连续侧蹬动作时切记不要把支撑腿向移动方向跨出。随着动作的熟练可增加蹬动的频率。

扫码观看视频

图 4-7　陆地单腿连续侧蹬模仿

离地约2厘米

图 4-8　侧蹬前抬脚

陆地利用体重侧蹬模仿

在直线滑行过程中，合理利用体重进行辅助蹬动可以节省体力，增加蹬动效率。下面我们学习陆地利用体重侧蹬法。

陆地利用体重侧蹬法是在上一个单腿连续侧蹬的基础上进行练习。基本姿势准备，一条腿屈膝抬起向后伸出，待稳定后，身体逐渐向伸出腿一侧缓慢倾倒，直到支撑腿支撑不住时，在快倒地的一瞬间顺势蹬出侧蹬腿，待伸出腿落地后再收回侧蹬腿，如图4-9所示。重复上述动作，会发现这个动作的蹬动距离要比单纯做单腿连续侧蹬时蹬动距离要远一些。因为在蹬动过程中加上了倾倒时体重的力量，所以蹬动距离明显增加。

扫码观看视频

图4-9　陆地利用体重侧蹬模仿

第二节 轮上侧蹬模仿练习

本节我们将学习几个轮上侧蹬模仿练习，在侧蹬滑行之前充分练习这些动作可以有效提高技术学习速度。

原地侧蹬模仿

基本姿势准备，双手放松下垂，目视前方，一条腿侧向蹬出。侧蹬腿在滑行过程中起到提供动力的作用。侧蹬腿不要向身体后方或者前方蹬出，侧蹬腿的脚踝不能外展或内收，要使两脚平行。支撑腿在滑行过程中起到支撑身体、承接速度的作用。为了把身体重量集中到支撑腿上，需要把鼻尖与支撑腿的膝关节及脚尖对齐形成一条线。待支撑稳定后，侧蹬腿收回靠拢至支撑腿，即完成一次侧蹬收腿动作，两腿交替侧蹬进行侧蹬模仿练习。见图4-10。

扫码观看视频

图 4-10　原地侧蹬模仿

移动重心

　　基本姿势准备，两脚开立略比肩宽，鼻尖在地面的投影点在两脚尖连线的中点。待稳定后，身体整体重量向一侧腿移动，直至身体的全部重量落在一条腿上，并且支撑腿的脚踝外倒，用轮子的外侧支撑。待稳定后再向相反方向缓慢移动身体重量，在移动的过程中体会身体的重量从一条腿慢慢移动到另外一条腿的本体感觉。见图4-11。

扫码观看视频

图4-11　移动重心

跳换腿练习

　　跳换腿练习可增加滑行的稳定性及降低在滑行过程中初期侧蹬的恐惧心理。基本姿势准备，侧蹬出一条腿，鼻尖与支撑腿的膝关节和脚尖三点一线对齐。待稳定后，侧蹬腿收回，在两脚靠拢的一瞬间，支撑腿向上略微跳起，随即向侧蹬出，完成换腿侧蹬动作。见图4-12。在跳换过程中注意身体的重心要保持稳定，不要上下起伏过大，随着动作的熟练可加快换腿的频率，也可使落地脚始终落在相同的点来提高动作的控制能力。

扫码观看视频

图 4-12　跳换腿练习

第三节
侧蹬滑行技术

起步

　　对于初学者，首次进行侧蹬滑行时，起步是滑动起来的关键环节，由于从静止开始滑行，没有初速度，所以用腿直接侧蹬很难滑动起来。那么，初学侧蹬滑行第一步该如何蹬动呢？

　　以右腿蹬动为例，呈基本姿势准备，把重心放在左腿上，鼻尖与支撑腿的膝关节和脚尖三点一线对齐，右脚呈外八字开立后，用轮子的内侧向身体斜后方45度处蹬动（只能在起步时向后蹬动），缓慢用力，直到使支撑腿的轮子滑动为止。当轮子转动起来后，第二步滑行正常向身体侧面蹬动即可。见图4-13。

扫码观看视频

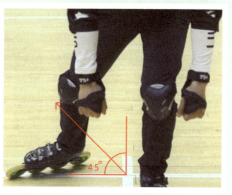

图4-13　起步

侧蹬滑行

当起步以后，随即进入侧蹬滑行阶段，侧蹬腿提供滑行的动力，支撑腿承接动力滑出的速度。在两腿交替侧蹬滑行过程中，侧蹬腿不可向后蹬动，支撑腿只负责支撑，不可向前送腿，身体重心要快速转移，鼻尖要与支撑腿的膝关节和脚尖三点一线对齐，收腿时两脚尽量靠近。需要注意的是，收腿时要膝关节弯曲收回，不可直腿收回；滑行时交替换腿节奏不能过快；保持2秒的自由滑进为佳。随着技术动作的熟练，可加大蹬动的力量以求更快的滑行速度。见图4-14。

扫码观看视频

图 4-14 侧蹬滑行

常见错误分析

·骑重心

何为骑重心？骑重心类似骑马动作，两腿跨立滑行，鼻尖到地面的投影点在两脚尖连线的中点，如图4-15所示。骑重心滑行会导致两腿不能收靠在一起，所以缩短了腿蹬动的距离，限制了滑行的速度，而且骑重心滑行时两腿的开立状态也会增加摔倒的概率。在侧蹬滑行过程中，身体的大部分重量要始终放在支撑腿上，两条腿交替承接体重。

扫码观看视频

图 4-15　错误动作：骑重心

· 支撑腿脚踝内倒

支撑腿在侧蹬滑行时保持脚踝直立或者略微外倒是身体重心全部移到支撑腿上的前提。很多初学者容易犯的错误就是脚踝的内倒，如图4-16所示，脚踝内倒状态会导致支撑腿不能垂直于地面，易导致骑重心现象发生，同时脚踝内倒滑行也会给脚踝带来伤害。

扫码观看视频

图 4-16　错误动作：支撑腿脚踝内倒

·后蹬

　　合理的侧蹬方向可带来较高的蹬动效率，加快滑行的速度。初学者常常在滑行时侧蹬方向偏后，如图4-17所示，这是由于侧蹬还带有走路蹬动的习惯。纠正这一错误动作的方法是加强原地侧蹬模仿练习和在侧蹬时把力量集中在后两个轮子，使侧蹬腿向身体侧前方用力。

图 4-17　错误动作：后蹬

扫码观看视频

·滑行节奏乱

轮滑运动属于周期性运动，合理的滑行节奏可以带来科学的技术动作周期及持久的滑行。初学者练习侧蹬滑行时易造成滑行节奏乱的错误：两脚交替过快，导致没有转换重心的过程；滑行节奏过快也会使技术动作不细致，达不到最佳的蹬动效率；而且对于初学者来说，快节奏滑行与标准节奏滑行往往会带来相同的滑行速度。见图4-18。

扫码观看视频

图 4-18　错误动作：滑行节奏乱

第四节
双摆臂技术

大家在学会侧蹬滑行技术以后就会有这样的思考：滑行时手臂该如何摆动，是和走路时的摆臂一样吗？侧蹬时该由哪侧手臂向前摆动？合理的摆臂技术可以起到全身协调用力的作用，还可以起到辅助加速滑行的作用。下面介绍摆臂技术。

手臂摆动技术

轮滑时的摆臂方向与走路时一致，都是贴近身体前后摆动。不同点是，轮滑摆臂的前后幅度要比走路时大很多，动作更加舒展。摆臂时，手放松握拳，交替前后摆动，不可横向摆动。前摆手臂摆动到手贴近鼻子，前臂垂直地面；后摆手臂尽量高摆。相对手臂前摆，确定后摆的高度会有一些难度，可以使用肩部感受的方法来确定后摆的高度：后摆手臂的肩部肌肉如果有轻微的抻拉感，证明后摆高度很好；如果没有抻拉感，说明后摆过低。摆臂时以肩为轴，肩膀不要左右晃动。见图4-19。

扫码观看视频

图4-19　手臂摆动技术

原地摆臂蹲起

掌握手臂摆动技术以后，就要逐渐掌握手臂动作与腿部动作的配合，可以进行原地摆臂蹲起练习。基本姿势准备，两臂在体侧自然下垂。待稳定后，两腿蹬直，在蹬起的过程中，手臂随之一前一后摆动；下蹲时，手臂再呈自然下垂状态；再次蹬起时，双臂交换摆动方向。手臂摆动节奏要与腿部蹬起的节奏协调一致。见图4-20、图4-21。

扫码观看视频

图4-20　原地摆臂蹲起正面示范

图4-21　原地摆臂蹲起侧面示范

摆臂蹲跳

　　基本姿势起速滑行稳定后，手臂摆至一前一后呈准备姿势，在自由滑进的状态下，两腿同时用力蹬地跳起，脚离开地面10厘米为佳，手臂在两脚腾空过程中进行换位摆动，落地前要使手臂换位结束。手臂摆动节奏要与腿部蹲跳的节奏协调一致，见图4-22。

扫码观看视频

图4-22　摆臂蹲跳滑行

原地侧蹬摆臂配合

　　大家在掌握了滑行中的手臂摆动动作以后，就要使其与滑行中的腿部动作进行配合了。接下来我们学习侧蹬摆臂配合技术。基本姿势准备，两臂分别置于两腿膝关节外侧，这是摆臂配合前的准备姿势，称为"手臂归位"，见图4-23。

扫码观看视频

图4-23　准备姿势

当左腿侧蹬时，左臂向前摆动，右臂向后摆动；当侧蹬腿收回时，手臂随之收回归位；当右侧腿侧蹬时，右臂向前摆动，左臂向后摆动。如图4-24所示。手臂动作与腿部动作要协调一致。摆臂动作与侧蹬配合有一口诀，"哪侧腿侧蹬，哪侧手臂往前摆"。初学摆臂配合时会有一些别扭的感觉；与走路不同，摆臂滑行动作的手臂摆动方向与腿部蹬动方向不一致。只要多加练习，动作熟练后，摆臂就会对滑行起到辅助的作用了。

图 4-24　原地侧蹬摆臂配合

双摆臂跳换腿

大家在学习侧蹬辅助练习时已经掌握了跳换腿动作，在这一动作的基础上，配合摆臂技术，可显著提高摆臂与侧蹬配合练习的效果，如图4-25所示。需要注意的是，因为跳换腿动作换腿速度较快，所以换臂摆动一定要与腿部动作协调一致，随着动作的熟练可加快换腿的频率。

扫码观看视频

图 4-25　双摆臂跳换腿

摆臂配合滑行

大家在初学摆臂配合动作时，要明确手臂归位这一技术点的重要性，在侧蹬之前和收腿以后，手臂要归位。摆臂要与侧蹬腿蹬出的速度一致，注意配合滑行的协调性。为了能够有充足的时间来考虑手臂与腿部动作的配合要领，侧蹬腿收回后手臂归位，双脚自由滑进2秒再换腿蹬动。手臂不可横向摆动，要与滑行方向保持一致。见图4-26、图4-27。

扫码观看视频

图 4-26　摆臂配合滑行正面示范

图 4-27　摆臂配合滑行背面示范

第五节 后引腿技术

当学习完侧蹬腿滑行技术以后，大家都会有这样的感受：如果想要快速滑行，只做侧蹬收腿会很耗费体力，两腿没有"喘息"的时间；而且一旦侧蹬频率加快，重心的快速转换也会加大滑行的不稳定程度，易因两腿开立过大而摔倒。那么，为了解决上述问题，在直线技术环节中，还应学习后引腿技术，这一技术环节对于直线滑行的稳定及节省体能方面将起重要作用。

原地辅助练习法

在最初练习后引腿技术时，由于需要单腿的支撑阶段，原地练习时可手扶固定物来使身体稳定。基本姿势蹲好稳定后，一条腿侧蹬。待腿蹬直稳定后，由大腿发力带动小腿向身体后方摆动，摆至贴近支撑腿为止。后面抬起的腿称作"浮腿"，浮腿的大腿垂直于地面，小腿与地面平行，脚垂直地面。浮腿与支撑腿保持一拳远的距离，不要向后伸直或过前，稳定后收回靠拢支撑腿。两腿交替练习。见图4-28。

扫码观看视频

图4-28　原地辅助练习法

快速后引收腿练习

由于初学轮滑，单腿支撑能力与平衡能力较弱，在直线滑行过程中强调细致地做出后引腿的完整技术就极易造成滑行过程中摔倒。那么为了循序渐进地练习后引腿技术，可通过快速后引收腿这一方法练习后引技术。这一动作的核心要领是带着侧蹬收腿的意识来做后引腿动作，侧蹬以后在收腿阶段，大腿带动小腿用后引腿的技术要点向后摆动快速画弧收回，如图4-29、图4-30所示。这一动作在滑行时从外观应看出有后引腿过程，只是收腿速度很快。随着支撑能力的加强就可以放慢这一过程，最终做出完整后引腿动作。

扫码观看视频

图 4-29　快速后引收腿练习正面示范

图 4-29　快速后引收腿练习背面示范

后引腿完整配合滑行

在支撑能力增强的基础上，练习后引腿完整配合技术，要注意后引腿收回的速度，控制支撑腿支撑的时间，浮腿保持放松，在收回靠拢支撑腿时把重心转移到浮腿上，浮腿落地时转变为支撑腿，如图4-31、图4-32所示。随着技术动作的熟练，可增加单腿支撑滑行的时间以求节省体能，也可利用后引腿技术来配合练习利用体重蹬动滑行。

扫码观看视频

图 4-28　后引腿完整配合滑行正面示范

图 4-28　后引腿完整配合滑行侧面示范

第六节
完整直线技术配合及辅助练习方法

本节内容将把直线滑行的各项技术环节进行整合。科学合理地衔接各技术环节，可产生高效的滑行动力；技术动作整体的协调也会在滑行过程中带来节省体能的效果。下面介绍几种可显著提高技术水平的练习方法。

完整直线滑行

在进行直线滑行时，合理的滑行姿势可起到提高蹬动效率、降低滑行阻力、使各技术环节动作到位的作用。滑行时应目视前方，不得低头，上体前倾，腿弯曲至手能触到膝关节为佳，侧蹬腿蹬出前就要把重心落在支撑腿上，侧蹬过程要持续发力，蹬至膝关节伸直为止。随着动作的熟练，重心控制能力的加强，支撑腿的脚踝可适当外倒，使身体在支撑滑行阶段向支撑腿一侧倾倒。与此同时，侧蹬腿进入后引腿阶段，注意大腿发力带动小腿，浮腿放松。当浮腿收至临近支撑腿时，重心开始逐渐向浮腿转移，当浮腿落地时重心完全落在其上，进入另一侧腿蹬动阶段。见图4-33、图4-34。

扫码观看视频

图 4-33 完整直线滑行正面示范

图 4-34 完整直线滑行侧面示范

摆臂配合练习（单双摆臂）

在直线滑行过程中，原则上，不同的滑行速度对应不同的摆臂方式，比如慢速放松滑应采用背臂，中速滑行时应采用单摆臂，快速或全力滑行时应采用双摆臂。

单摆臂滑行时由于逆时针转弯滑行较多，所以应用右臂摆动，左臂自然放松背在身后。右腿侧蹬阶段，右臂向前摆动；浮腿收腿靠拢支撑腿时，手臂归位；左腿侧蹬阶段，右臂向后摆动；浮腿收腿靠拢支撑腿时，手臂归位。如图4-35。

扫码观看视频

图4-35　单摆臂滑行

双摆臂滑行时，为了获得更好的加速效果，前摆臂用力，摆臂要与蹬腿速度保持协调一致，动作舒展。在全力滑行时，为了快速摆臂及提高腿部蹬动频率，肘关节可弯曲。见图4-36。

图4-36　双摆臂滑行

侧蹬定型辅助法

在直线滑行过程中，身体重心是否完全控制在支撑腿上决定着技术动作的规范程度。下面介绍一个动作结构简单，但能显著提高重心控制能力的辅助练习技术——侧蹬定型辅助法。在滑行中做侧蹬动作，侧蹬腿蹬直以后，不要马上收回，保持此姿势向前自由滑进2秒，如图4-37所示。如果身体重心完全放在支撑腿上，就会在自由滑行阶段顺畅滑行；如果身体重心稍向侧蹬腿偏移，两腿距离就会加大，导致摔倒，在本体感觉上会有一股力量拉拽侧蹬腿。所以这一动作是迫使身体重心完全放在支撑腿的效果极佳的辅助练习方法。

扫码观看视频

图 4-37　侧蹬定型辅助法

三点一线辅助法

　　三点一线是轮滑学习过程中非常重要的技术点，会贯穿整个技术动作学习过程。无论是直线技术还是弯道技术，三点一线都会是最常提到的动作要点。为了强化滑行过程中的三点一线技术，可利用手臂连接支撑腿的方法进行辅助练习：利用单腿连续侧蹬技术直线滑行，支撑腿侧的手臂撑在支撑腿的大腿上，手连接下巴，肘连接大腿，保持支撑腿的小腿垂直地面或向外倾倒，连续蹬动30步之后以相同姿势换另一条腿蹬动。见图4-38。

图 4-38　三点一线辅助法

扫码观看视频

后引腿前轮点地辅助法

后引腿前轮点地辅助法可提高后引腿技术的标准程度，同时也可促进支撑腿的支撑滑行能力。动作第一步需要采用侧蹬定型辅助法的动作，保持2秒以后，大腿带动小腿做后引动作，随后浮腿侧第一个轮子着地，支撑腿为主要支撑点，浮腿轮子为辅助支撑点，可提高支撑滑行的稳定性，如图4-39所示。切记，不可把身体大部分重量放至浮腿的轮子上，否则容易因支撑不稳摔倒。保持这一动作向前滑行15米后再换另外一条腿，随着动作的熟练和稳定性的增加，可加大支撑滑行的距离。

扫码观看视频

图4-39　后引腿前轮点地辅助法

大幅度重心移动

在轮滑运动中，重心转移是否到位关系到技术动作能否做到标准，同时重心的合理利用也可节省体能，增加蹬动的力量。下面，我们学习大幅度重心移动。在双摆臂及侧蹬收腿动作的基础上练习，左右移动方向以45度为佳。侧蹬滑出，支撑腿和脚向45度方向滑行，重心完全落在支撑腿上，脚踝外倒。侧蹬收腿阶段，轮子要始终贴着地面画弧收回靠拢至支撑腿。之后再向另外一侧45度方向滑行，收腿动作相同。需要注意的是，在左右移动的过程中要保持两脚及脚踝倾倒方向一致，形成合力，不得骑重心滑行，见图4-40。随着动作的熟练可逐渐加大左右移动的距离，以5米为标准进行练习。

图 4-40　大幅度重心移动

扫码观看视频

双脚平行过桩

为了提高脚下的灵活性及对轮滑鞋的控制能力，可采用双脚平行过桩练习方法。以1米桩距为标准，沿直线摆放20个桩桶，如图4-41所示。身体直立，膝关节微屈，双脚靠拢同时蹬动做S形绕桩，如图4-42所示。随着动作的熟练，可逐渐加快绕桩的速度。

扫码观看视频

图 4-41　桩桶摆放

图 4-42　双脚平行过桩

交叉过桩

　　交叉过桩是在双脚平行过桩的基础上进一步加大过桩的难度，两脚交叉通过桩桶。桩桶的设置与双脚平行过桩相同，见图4-43。随着动作的熟练，可逐渐加快绕桩的速度。

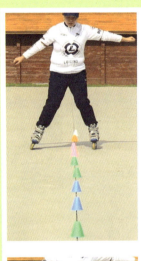

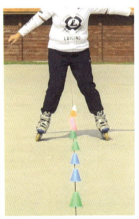

图4-43　交叉过桩

扫码观看视频

单脚支撑滑行

　　支撑滑行能力在直线滑行技术中起到非常关键的作用。为了提高单腿支撑滑行能力，我们可以采用加速后单脚支撑自由滑进的方法来提高平衡能力和稳定性，如图4-44所示。在支撑滑行过程中，为了增加滑动的稳定性，可使支撑腿脚踝外倒，两手侧举，保持身体的平衡。在滑行过程中，要体会支撑滑行的感觉，找到适合自己的平衡点。为了增加难度，可限定滑行的宽度，以长20米、宽0.5米为最佳练习范围，如图4-45所示。

扫码观看视频

图 4-44　单脚支撑滑行

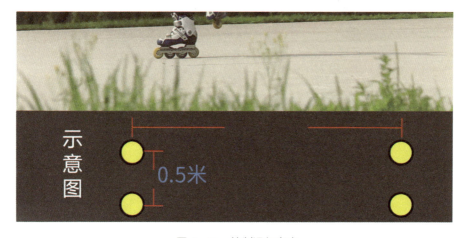

示意图

0.5米

图 4-45　控制滑行宽度

第五章

PART 5

弯道滑行技术

本章我们将学习在轮滑过程中如何转弯。弯道滑行技术是在滑行过程中两脚做出交叉步来改变滑行方向。熟练掌握弯道滑行技术对于初学者来讲，不仅可以在滑行过程中安全、快速地改变滑进方向，而且还可以起到加速滑行的作用。学习弯道滑行技术一定要遵从循序渐进的原则，不可操之过急。

第一节
陆地辅助练习手段

陆地交叉步模仿

　　由于初学者对穿着轮滑鞋做两脚的交叉会有一定的恐惧感，直接穿轮滑鞋练习不会达到最理想的效果，所以在此之前先做陆地模仿动作为佳。

　　基本姿势准备，两手自然下垂置于体侧。稳定后，右腿侧蹬，把身体蹬向左侧，此时鼻尖与左腿膝关节对齐。然后，右腿用大腿带动小腿抬起，膝关节领先（切记不可脚和小腿领先），从左脚的上方交叉掠过落地，两脚靠拢。这时，鼻尖应对准右腿膝关节，重心往右腿上转移。稳定后，左腿向右侧蹬出至膝关节蹬直，左脚的外侧着地，右腿成为支撑腿向左侧倾倒。待稳定后，左腿大腿带动小腿，膝关节逐渐弯曲，向左侧回收；与此同时，右腿用力侧蹬把身体蹬向左侧。随即，左腿落地成为支撑腿，完成一个动作复步。见图5-1。

扫码观看视频

三点一线

图 5-1 陆地交叉步模仿

陆地牵引

　　在弯道滑行过程中会有离心力的作用，如向左转弯就会使身体向左侧倾倒来克服离心力。那么，在陆地上如何模仿出向左倾倒滑行的技术动作呢？这就要用到陆地牵引练习。此练习需要使用辅助训练带，且要两人配合练习。练习者与辅助者把训练带套在腰间，辅助者面向练习者，双手分别握住训练带两侧，给练习者一定的拉力，练习者右臂伸直，把训练带合到一起用右手握住，见图5-2。辅助者给予一定的拉力，练习者可大胆向左侧倾倒，模仿出滑行时的倾倒角度，随即做出弯道交叉步动作。同时，这一练习也可有效提高练习者的腿部蹬动力量。辅助者可根据练习者的体能情况调整拉力的大小。

扫码观看视频

图5-2　陆地牵引

楼梯辅助法

　　除了上述两种陆地辅助手段以外，还有一种克服自身体重的弯道陆地模仿练习，那就是利用楼梯做交叉步动作。选取高度适宜的楼梯，用弯道交叉步动作向楼梯上行走，如图5-3所示。注意：在练习过程中为了达到好的练习效果要直线行走，不可斜向行走，练习过程中要体会向上蹬动的感觉，这与滑行时克服自身体重蹬动的感觉有相似之处。

扫码观看视频

图5-3　楼梯辅助法

第二节
轮上辅助练习

在掌握弯道陆地模仿练习的基础上，这一节我们将穿上轮滑鞋进行轮上的弯道辅助练习。掌握下面几种辅助练习方法，大家学习弯道滑行技术就会轻松很多了。

交叉步侧向行走

上体直立，目视前方，膝关节微屈，两手侧举。与陆地交叉步模仿练习一样，先右腿侧蹬，蹬动距离与肩同宽，身体向左移动，左脚轮子外侧着地，身体重量集中在左腿上，之后，右腿大腿带动小腿抬起，膝关节领先，从左脚的上方掠过，随后右脚以中央轮子落地，鼻尖与右腿膝关节对齐，两脚间的距离与肩同宽。稳定后，左腿向左迈步，右腿顺势侧蹬，完成一个完整的复步。见图5-4。

扫码观看视频

三点一线

图 5-4　交叉步侧向行走

单腿连续侧蹬滑行

弯道滑行过程中，滑进动力首先来源于第一个技术环节——腿的侧向蹬动，所以为了弯道技术滑行舒畅，可集中练习单腿的连续侧蹬技术。在场地上摆放一个桩桶作为中心点，利用单腿连续侧蹬绕桩桶转弯滑行，支撑腿与脚踝同时向内侧倾倒，鼻尖始终与支撑腿膝关节对齐，如图5-5、图5-6所示。练习时，滑行的圈不可太小，以直径8米为佳，随着动作的熟练，可放慢侧蹬腿收腿的速度，增加支撑腿支撑滑行的距离，随着速度的增加，可加大身体向内侧倾倒的角度和扩大滑行圈的直径。

扫码观看视频

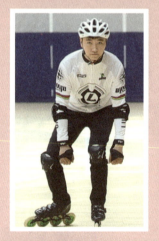

图 5-5　鼻尖与支撑腿膝关节对齐

图 5-6　在弯道上进行单腿连续侧蹬滑行

交叉步直线滑行

初学者对直接在弯道上进行交叉步滑进会有一定的恐惧心理。我们可以用交叉步直线滑行作为一个过渡练习。上体直立，膝关节微屈，两手侧举保持身体平衡，运用交叉步向前方直线滑行，身体不用向左侧倾倒，如图5-7所示。当练习者可大胆进行交叉步直线滑行时即可结束练习。

扫码观看视频

图 5-7　交叉步直线滑行

站立交叉步转弯

在场地上摆放一个桩桶，以桩桶为圆心利用站立交叉步滑圈。与交叉步直线滑行一样，上体直立，两臂侧举，膝关节微屈。在滑行过程中，上体在肩的带动下绕身体纵轴向左转动，转至左手指向桩桶即可，在滑行过程中视线始终盯着中心的桩桶，见图5-8。初次练习时蹬动力量可小些，随着动作的熟练，可加大蹬动力量，增加交叉步滑行的速度。

扫码观看视频

图 5-8　站立交叉步转弯

第三节
弯道滑行技术要点

经过前面课程的技术学习，大家已经能够初步运用交叉步进行转弯滑行了。为了使弯道滑行技术及高速滑行状态下转弯更加稳定，这一节我们将介绍几种提高弯道滑行技术的练习手段及完整弯道滑行技术的滑行要点。

弯道定型引导练习

弯道定型引导是提高弯道滑行技术十分有效的辅助练习手段。所谓弯道定型，就是在弯道交叉滑行过程中，使侧蹬与两腿交叉的技术环节呈自由滑进状态，以求弯道滑行技术的稳定与规范，见图5-9。在练习前，我们可以做 一个定型的引导练习：运用交叉步侧向行走的练习方法，在侧蹬腿蹬直后与两脚交叉稳定后分别保持2秒不动，体会在此过程中腿部支撑与规范技术动作的感觉。

扫码观看视频

图 5-9　弯道定型引导练习

弯道定型滑行

　　在场地上摆放一个桩桶，以桩桶为中心滑圈练习。在滑行过程中，身体保持基本滑行姿态，侧蹬后侧蹬腿定型2秒，之后两腿交叉，两脚距离与肩同宽，定型保持2秒后再收腿进行下一个动作循环，见图5-10。

扫码观看视频

图 5-10 弯道定型滑行

在练习过程中容易出现的错误主要是：滑行时身体倾倒角度与滑行速度不匹配，导致支撑不稳向左侧倾倒，见图5-11。练习者一定要根据滑行的速度调整身体倾斜的程度，在初学时保持身体直立为佳。

图 5-11 身体倾倒角度与滑行速度不匹配

另一个容易出现的问题是：双脚交叉后，左右脚滑行方向不一致。如果交叉时脚尖靠近，容易造成两轮相撞；如果两脚呈外八字会造成两腿开立摔倒，或交叉后左轮横拖滑行。如图5-12所示。所以，在滑行过程中应用力控制两脚的滑行方向，避免两脚相撞。如遇交叉时后轮横拖现象，可使左脚脚尖勾起，使两轮方向一致。

图 5-12　错误动作

双人辅助练习

为了提高弯道滑行的蹬动力量及加大倾倒角度，可以两人互助练习。两人并肩站立，练习者两臂侧举，辅助者在其右侧伸出左臂，两人手拉手进行辅助滑行，如图5-13所示。辅助者要给练习者一个适当的拉力，既能使练习者大胆倾倒，又能使练习者做出交叉步技术动作。两人运动的轨迹应向左侧偏移。练习时由于有辅助拉力，练习者可加大交叉的宽度及倾倒角度，同时也可增加每条腿支撑滑行的距离。

扫码观看视频

图 5-13 双人辅助练习

完整弯道滑行技术

在练习完整弯道滑行技术时，首先要注意的与直线技术相同，重心要在两条腿上转换，侧蹬时重心在左腿，交叉时重心在右腿，转弯时应肩部领先，视线要看着弯道弧度的内侧。为了加大转弯的效果，在右腿侧蹬后收腿时，左腿作为支撑腿，边向左侧倾倒，边向右侧蹬动。见图5-14。两条腿在一个复步中都做一次侧向蹬动为佳。

扫码观看视频

图 5-14 完整弯道滑行技术

摆臂配合弯道滑行技术

　　弯道滑行可配合单双摆臂。单摆臂配合弯道滑行应摆动右臂，侧蹬时向前摆动，交叉步时向后摆动。双摆臂配合弯道滑行，侧蹬时，右臂向前摆，左臂向后摆，交叉时，右臂向后摆，左臂向前摆。左臂应用更小的前摆幅度来加快滑行的节奏，大臂不动，小臂向前摆动。见图5-15、图5-16。

扫码观看视频

图 5-15　摆臂配合弯道滑行技术——单摆臂

图 5-16　摆臂配合弯道滑行技术——双摆臂

PART 6

第六章

起跑与急停

　　为了增加滑行的娱乐性与安全性，这一章将向大家介绍起跑技术与急停技术。

第一节
起跑技术

能够穿着轮滑鞋风驰电掣地滑行往往会得到别人羡慕的目光。经过一段时间的练习，随着滑行技术的熟练，大家就会更多地追求滑行速度带来的刺激感。那么，如何快速从静止启动到快速滑行呢？这就需要学习起跑技术。所谓起跑技术，就是在最短时间内，完成从静止到移动并获得较高速度的过程。起跑技术的质量关系到滑行过程的整体速度。理想的起跑效果应是启动快，在短时间内能达到较高的速度。

预备阶段技术

起跑预备姿势的主要任务是为快速的起动和疾跑创造有利的条件。对于初学者来说，T 字形站立预备姿态是最易掌握，也是较有效的预备动作。以左脚在前为例，左脚正对滑行方向，右脚与左脚垂直呈 T 字形，这种姿态方便起动，见图6-1。

图 6-1　预备阶段技术

扫码观看视频

起动与疾跑阶段技术

　　起跑的第一步为起动，也就是从预备姿势到跨出第一步的动作过程。当预备姿势稳定后，右腿向后蹬动，左腿大力大幅度向左前方迈出，蹬地腿侧的手臂向前摆动，另一侧手臂向后摆动。

　　疾跑技术是在起动后至滑跑之间的阶段，目的是在较短的时间内获得较高的速度，并为滑跑打好基础。初学者可使用外八字踏切式疾跑，从启动后的后腿着地或前腿离开地面，一般要向前疾跑8步左右。在疾跑过程中，脚呈外八字，每次落地蹬动用轮子内侧蹬地，两臂前后摆动，配合腿的交替向后蹬地。疾跑时身体应有较大的前倾角度和两脚的开角，以较高的动作频率和较大的步幅向前跑动，见图6-2。

扫码观看视频

图 6-2　启动与疾跑阶段技术

第二节
急停技术

学习轮滑技术不仅要学习如何滑行，同时也要学习如何更安全、高效地停止。这一节，我们将学习几种有效的滑行制动方法。

内弧急停

在慢速滑行或放松滑进时，两脚呈内八字的内弧急停是最简便有效的急停方法。在准备急停之前，重心放在两腿之间，上体略微前倾，膝关节微屈，用轮子内侧着地，两脚呈内八字逐渐靠近，直至停止，见图6-3。

扫码观看视频

图6-3　内弧急停

单八字急停

中等速度滑行时，选择的急停方法为单八字急停。首先把身体重量集中到一条腿上，另一侧脚伸向斜前方，并向内倾斜45度，形成一个阻力面，用轮子的内侧多次点地，直至停止，如图6-4所示。切记，在速度较高时不要妄图以一次轮点地停下，否则很容易造成脚的扭伤并带来很大的摔倒风险。

扫码观看视频

图 6-4　单八字急停

双八字急停

在速度较高的滑行时，可使用双八字急停法。这种急停方法的身体姿态与单八字急停法相同，采用两脚内八字状，两脚开立较大，在急停时，两脚交替用内侧轮点地，如图6-5所示。哪侧轮子点地，重心往哪侧偏移。这就需要重心快速地转换，初学时也可把重心放在两腿中间，呈骑重心状，随着动作的熟练可加大重心转换的程度及两脚交替点地的频率，以求更好的制动效果。

扫码观看视频

图6-5 双八字急停

T 字急停

T 字急停可以应用于各种滑行速度。在滑行中，两脚呈 T 字形前后开立，前脚对向滑行方向，后脚与前脚垂直呈 T 字形，重心放在前腿上，后方轮子向内侧拖动来增加滑进的阻力，以求停止，如图6-6所示。随着动作的熟练可加大后轮拖动的力度，增加制动的效果。

扫码观看视频

图6-6 T 字急停

PART 7

第七章

轮滑腿部力量
辅助练习

　　轮滑技术的提高需要大量的练习，同时，还有一个因素可以影响技术动作的质量，那就是轮滑运动的专门性力量，主要是腿部力量。这一章将向大家介绍几种有效提高专项力量的练习方法。

原地牵引力量法（单腿蹲起）

　　利用训练带采用单脚支撑技术动作进行练习。找到一处牢靠的固定点并将训练带套在上面，训练带的另一端套在腰间，将训练带拉直。以右腿支撑为例，右手伸直拉住训练带，左手背于身后，并使身体形成适当的倾斜角度，左腿后引，右腿支撑站立并逐渐蹲至膝关节成90度，静止5秒后再慢慢站起，重复10次为佳。然后，向后转身换另外一侧腿重复上述动作。见图7-1。

扫码观看视频

图 7-1　原地牵引力量法

原地单脚支撑触胸跳

　　身体呈基本姿势，一条腿支撑，另外一条腿后引，稳定后，支撑腿用力跳起，至最高点处迅速上提触胸，并由支撑腿单腿落地，如图7-2所示。每侧腿跳5次为佳，随着动作的熟练、力量的增强，可力求增加落地的稳定性。

扫码观看视频

图 7-2　原地单脚支撑触胸跳

手触地单腿连续侧蹬

　　利用弯道技术滑行中的单腿连续侧蹬动作进行练习，在单腿连续侧蹬滑行时，采用手的高度分别与膝关节、小腿、脚踝同高的渐进式下蹲，直至手轻轻触地滑行，如图7-3所示。为了防止磨伤手指，应用指甲触地，滑行5圈为宜。练习时应利用膝关节弯曲来降低滑行姿态，不可使肩部下压。此项练习可有效提高支撑腿的力量。见图7-3。

扫码观看视频

图 7-3　手触地单腿连续侧蹬

双人拉拽辅助法

　　双人配合，利用直线滑行技术练习。练习者在前面滑行，辅助者在后面扶住练习者的腰部，不要有任何蹬动，人为创造滑行阻力来增加练习者的蹬动力量，如图7-4所示。辅助者体重大更加有利。随着两人配合度的增加及练习者力量的增长，辅助者可采用制动技术来增加练习者的阻力，达到增加训练效果的目的。

扫码观看视频

图 7-4　双人拉拽辅助法

弯道交叉步靠墙辅助

利用弯道交叉步技术靠墙增加腿部支撑力量及巩固技术动作，身体侧面对墙站立，与墙面保持一臂距离，站稳后右腿抬起向左倾倒靠至墙面保持交叉步动作，两脚方向一致，身体呈滑行基本姿态，臀部、左肩、左臂同时贴在墙面，静力支撑60秒为宜，如图7-5所示。随着力量的增加可逐渐增加支撑的时间。

扫码观看视频

图 7-5　弯道交叉步靠墙辅助

侧蹬靠墙辅助

利用侧蹬技术提高支撑腿的支撑力量，身体侧面对墙站立，支撑腿一侧的脚与墙面保持一拳的距离，站稳后呈基本姿势下蹲，臀、肩、臂同时贴在墙面并使侧蹬腿蹬出，支撑腿与侧蹬腿的轮子要平行并在一条线上，胸部可贴近支撑腿，静力支撑60秒为宜，如图7-6所示。随着力量的增加可逐渐增加支撑的时间。

扫码观看视频

图 7-6　侧蹬靠墙辅助

单轮点地靠墙辅助

利用后引腿单轮点地的动作来提高支撑腿的力量，身体侧面对墙站立，支撑腿一侧的脚与墙面保持一拳的距离，站稳后呈基本姿势下蹲，并使靠墙近的那一侧腿进行后引前轮点地，臀、肩、臂同时贴在墙面，下蹲至后引腿膝关节与支撑腿脚踝处在同一高度并保持一拳的距离，身体重量集中在支撑腿上，不要向后引腿转移，静力支撑60秒为宜，如图7-7所示。随着力量的增加可逐渐增加支撑的时间。

扫码观看视频

图 7-7　单轮点地靠墙辅助

第八章
PART 8

轮滑编队及
技术自测

第一节
轮滑编队

大家在熟练掌握滑行技术以后，就可以约上三五轮滑好友一起滑行在风景秀丽的公园或健身步道，体验轮滑带来的乐趣。那么，在一起滑行时应该如何编队，遇到转弯或者突发状况时应该如何提示跟滑者呢？这一节将向大家详细介绍这些技术。

团队滑行时，采用纵向编队的形式可以起到降低跟随者滑行阻力，节省体能的作用。在保证安全距离的前提下，两名运动员相隔的距离越小，跟滑者越能节省体力。研究表明，当跟滑者与领滑者保持20厘米间隔时，节约体能最多，可达到44%；60厘米间隔时可节约38%的体能；100厘米间隔时可节约34%的体能；当达到200厘米间隔的时候只能节约27%的体能。如图8-1所示。

编队时，应根据团队滑行的总体水平选择间隔的距离，领滑者必须确定符合团队水平的合理的滑行速度及动作频率。这样，不仅跟滑者可以节省体能，跟滑者滑行时产生的气流还能促使领滑者滑得更快。

扫码观看视频

图 8-1　团队滑行间隔

领滑更换规则

在进行团队滑行时，可采用轮流领滑的方式保持团队滑行的速度与节省体能。当准备进行领滑更换时，领滑者给第二名跟滑者手势以示更换。跟滑者确认后，领滑者减少或停止蹬动减速，从团队一侧顺势后撤至最后一位时跟随队伍滑行。领滑更换的位置应避免在转弯处，应选择宽敞的直线路段。

扫码观看视频

领滑者手势介绍

在编队滑行时，如遇到转弯、路面变窄、路面不平等需要注意的情况时，领滑者需要给跟滑者及时的提醒以确保团队滑行时的安全。在国际马拉松竞赛及团队滑行时，有四种手势可应对出现的紧急情况。

扫码观看视频

转弯时：双臂同时指向转弯方向，如图8-2所示。

图8-2　转弯时的手势

减速及需要制动时：双臂同时举起，如图8-3所示。

图 8-3　减速及需制动时的手势

路面不平有突起或者有小坑时：一只手上下挥动，如图8-4所示。

图 8-4　路面不平有突起或者有小坑时的手势

滑进队伍或者滑出队伍时：手臂伸出，手指指向要滑进或者滑出的位置，如图8-5所示。

图 8-5 滑进队伍或者滑出队伍时的手势

第二节 轮滑技术自测项目

单脚支撑滑行

· 测试内容

　　在统一规定起速距离的前提下，对学生左右脚的支撑滑行距离进行考核。男子单脚支撑滑行30米，女子单脚支撑滑行15米，见图8-6。

· 测试要求

（1）从左侧起动，左脚前，右脚后。

（2）限宽1米。

（3）每个学生均有2次考试机会，选择最好的成绩。

扫码观看视频

女子：15米　男子：30米

1米

图 8-6　单脚支撑滑行测试示意图

重心移动

·测试内容

在规定滑行长度的前提下，利用重心移动技术进行滑行，对移动的宽度进行分级评分，见图8-7。

扫码观看视频

·测试要求

（1）从左右两侧任意起动。

（2）此项测试满分15分。

（3）规定距离内变换方向要达到5次。

（4）滑行过程中双脚不能离地，利用重心移动滑行。脚若有抬离地面的情况，不能得分。

（5）不足3分线距离按1分评分，不足1分线距离按0分评分。

（6）左右移动过程只允许蹬动1次，出现2次以上则没分。

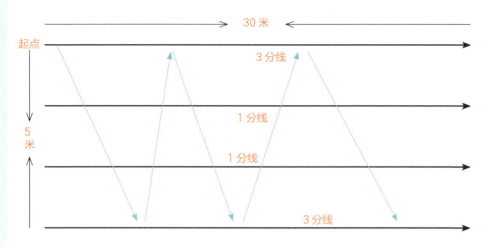

图 8-7　重心移动测试示意图

双脚蛇形过桩

· 测试内容

在规定的20个桩内进行蛇形滑行，如图8-8所示。在滑行过程中碰倒或漏桩应进行相应的减分。

· 测试要求

（1）启动距离3米。

（2）此项测试满分15分。

（3）每碰到或漏过桩桶扣除1分。

（4）两脚距离不得过宽，双脚靠拢同时滑动通过。

图 8-8　双脚蛇形过桩测试示意图

扫码观看视频

弯道交叉步定型

·测试内容

在规定地点进行弯道交叉步定型考核，如图8-9所示。

·测试要求

扫码观看视频

（1）考查连续不间断的15次交叉，每次定型2秒。

（2）满分为15分，如滑行过程中出现动作间断失败则相应减分。

图 8-9　弯道交叉步定型测试示意图

附 录1

配套练习题

第一章

· 讨论题

（1）在2000年前后，各种轮滑娱乐场所使用及体育品商店出售的都是双排轮滑鞋，大家可以谈谈自己是什么时候发现单排轮滑鞋成为轮滑娱乐、健身、竞赛的主流器材的。

（2）大家通过学习可以知道，1977年直排轮滑出现在影视作品中，德国电影《跳破的舞鞋》使用了类似冰鞋的直排轮滑鞋。在您所观看的所有电影中，还有哪部影片融入了轮滑元素？

（3）轮滑运动加入奥运大家庭一直是轮滑人的梦想。近几年，速度轮滑项目进奥运的呼声最高，也几经提名进入奥运备选项目。您觉得除了速度轮滑项目以外，还有哪个轮滑项目更有可能加入奥运会？

（4）很多初学者反馈，在做保养拆卸轮子的时候，轮轴很难拧下，很多人还会用力过猛导致棱面磨平，使轮子无法拆解。大家有什么好的经验和办法能让轮子拆卸更容易吗？

（5）对于陶瓷轴承的保养有很多不同的声音，有些人觉得陶瓷轴承不用加注润滑液，有些人觉得加注润滑液可降低磨损。您觉得陶瓷轴承用加注润滑液吗？

（6）关于轮滑运动的发展，结合社会和科技发展，以及自身的专业谈谈学习心得。

· 简答题

（1）国际轮滑联合会下设的正式比赛项目都有哪些?

（2）请描述出单排轮滑鞋的几个重要部件。

（3）轮子磨偏是大家遇到的最常见的保养问题。如果轮子偏了如何调换?

· 选择题

（1）轮滑运动最早可追溯到欧洲的（　　）。

A. 15世纪　　　　　　B. 16世纪　　　　　　C. 17世纪　　　　　　D. 18世纪

（2）轮滑运动是由（　　）演变而来的。

A. 滑雪　　　　　　　B. 自行车　　　　　　C. 滑冰　　　　　　　D. 田径

（3）轮滑运动最早出现在（　　）的舞台剧表演中。

A. 法国　　　　　　　B. 英国　　　　　　　C. 意大利　　　　　　D. 维也纳

（4）第一位被载入史册的轮滑鞋的发明者是（　　）。

A. 利奥塞尔泽　　　　　　　　　　　　B. 达蒙鲁尼恩

C. 约瑟夫 · 默林　　　　　　　　　　　D. 詹姆斯 · 莱昂纳多 · 普林姆普顿

（5）1818年轮滑出现在（　　）的舞台剧表演中，由此重新进入公众视野。

A. 英国　　　　　　　B. 瑞士　　　　　　　C. 德国　　　　　　　D. 法国

（6）法国人佩蒂布莱德作为（　　）被载入史册。

A. 第一位发明轮滑鞋的人　　　　　　B. 第一位进行轮滑表演的人

C. 第一位申请轮滑鞋设计专利的人　　D. 第一位组织轮滑比赛的人

（7）印第安纳州里士满制造商亨利，首次将（　）应用在轮滑鞋上。

A. 制动装置　　　　B. 螺钉调节松紧　　　C. 扣带设计　　　D. 软鞋靴

（8）1892年纽约的沃特·尼尔森为他的捆绑式轮滑鞋申请了专利，这双鞋有（　）轮子。

A. 10个　　　　　　B. 8个　　　　　　　C. 14个　　　　　D. 12个

（9）每周的（　）为巴黎人的轮滑节。

A. 星期四　　　　　B. 星期五　　　　　　C. 星期六　　　　　D. 星期日

（10）1902年芝加哥体育馆开办了一个公共轮滑场，有超过（　）见证了开业晚会的盛况。

A. 5000人　　　　　B. 7000人　　　　　　C. 9000人　　　　　D. 10000人

（11）1938年，伊利诺伊州的克里斯蒂安·西佛特设计了一双廉价的轮滑鞋并申请专利，而且在结构设计上还带有（　）装置。

A. 软靴　　　　　　B. 扣带　　　　　　　C. 轴承　　　　　　D. 紧急刹停装置

（12）国际滚轴溜冰联合会是（　）年成立的。

A. 1945　　　　　　B. 1928　　　　　　　C. 1930　　　　　　D. 1924

（13）中国轮滑协会是（　）年加入国际轮滑联合会的。

A. 1960　　　　　　B. 1975　　　　　　　C. 1980　　　　　　D. 1985

（14）花样轮滑起源于18世纪的（　）。

A. 德国　　　　　　B. 美国　　　　　　　C. 英国　　　　　　D. 法国

（15）第1届速度轮滑世界锦标赛于（　）年在意大利蒙扎举办。

A. 1925　　　　　　B. 1928　　　　　　　C. 1937　　　　　　D. 1945

（16）下列（　）比赛距离不是速度轮滑场地赛的比赛距离。

A. 500米　　　　　B. 2000米　　　　　C. 10000米　　　　　D. 1000米

（17）轮滑阻拦赛又称（　）。

A. 轮滑推挡　　　B. 轮滑冲撞　　　C. 轮滑德比　　　D. 轮滑阻碍

（18）轮滑阻拦赛起源于（　）。

A. 加拿大　　　　B. 德国　　　　　C. 美国　　　　　D. 意大利

（19）第1届世界双排轮滑球锦标赛于（　）年在德国举办。

A. 1935　　　　　B. 1936　　　　　C. 1937　　　　　D. 1938

（20）自由式轮滑比赛一般设置几排桩？每排多少个桩？（　）

A. 5排和25个　　B. 2排和18个　　C. 1排和30个　　D. 3排和20个

（21）伦敦发明家罗伯特·约翰·泰尔斯发明了一种叫 Rolito 的轮滑鞋并申请
　　　专利，这双鞋每只有（　）排成一条线的轮子。

A. 3个　　　　　B. 5个　　　　　C. 8个　　　　　D. 10个

（22）麦迪森德瑞本·舍尔发明了在（　）地面滑行的室内轮滑鞋。

A. 水泥　　　　　B. 柏油　　　　　C. 地板　　　　　D. 草地

（23）被称作"现代轮滑之父"的美国发明家是（　）。

A. 约瑟夫·默林　　　　　　　　　B. 佩蒂布莱德

C. 沃特·尼尔森　　　　　　　　　D. 詹姆斯·莱昂纳多·普林姆普顿

（24）1875年在英国普利茅斯的轮滑场举办了首次（　）活动。

A. 轮滑舞台剧　　B. 轮滑比赛　　　C. 轮滑游行　　　D. 轮滑舞蹈

（25）布朗与约瑟夫·亨利·休斯密切合作申请的专利是（ ）。

A. 制动装置　　　　B. ABT 装置　　　　C. 滚珠轴承　　　　D. 软靴设计

第二章

· 讨论题

（1）结合您的个人经验说说脚踝的扣带和脚面的扣带哪个应该更紧一些。

（2）关于摔倒的教学，现在有很多不同的声音，有专家指出不应该练习佩戴护具状况下的摔倒方法。根据现实情况，熟练高手都不佩戴护具滑行，如果养成佩戴护具摔倒的习惯，一旦发生摔倒会对关节带来更大的伤害，建议练习不佩戴护具的摔倒保护方式。您怎么看？

· 简答题

如何才能穿轮滑鞋在原地站稳?

· 选择题

（1）一般休闲鞋都会有（ ）条扣带。

A. 1~2　　　　　　B. 2~3　　　　　　C. 3~4　　　　　　D. 4~5

（2）穿轮滑鞋站稳后需要把重心放在（ ）。

A. 第一和第二个轮子中间　　　　　B. 第二和第三个轮子中间

C. 第三和第四个轮子中间　　　　　D. 第一和第四个轮子中间

（3）摔倒后无论身体呈何种姿态，首先要做的一件事是（　）。

A. 手向身体后方推起　　　　　　　　B. 寻求其他人帮助

C. 脱鞋后站立起来　　　　　　　　　D. 身体翻转至正面朝下

（4）如果在穿轮滑鞋原地站立时，轮子自动向前滚动，表示重心（　）。

A. 过低　　　　　　B. 过高　　　　　　C. 过前　　　　　　D. 过后

第三章

·讨论题

（1）现今很多轮滑教学机构在教授儿童穿鞋站立和踏步行走时，都会放置一块毯子或者阻力大的垫子，目的是增加初次站立的稳定性。如果为了更快地适应不稳定状态，直接在硬地面练习是否更好？

（2）除了课程视频教授的技术动作以外，您还有更好的移动适应练习吗？

·判断题

（1）在做陆地模仿动作时重心可高一些。（　）

（2）在轮上原地侧蹬模仿时，一条腿侧蹬，另一条腿起支撑的作用。（　）

（3）侧蹬滑行时，从静止到滑动的第一步，侧蹬腿要往后侧蹬动。（　）

（4）双摆臂练习时，手臂前后摆动的幅度要比走路时的小。（　）

第四章

· 讨论题

（1）如果一节轮滑课90分钟，您觉得陆地模仿练习占多长时间最适宜？

（2）小朋友学习轮滑不理解重心的含义，您有什么好办法吗？

（3）动作规范就是滑行时自身感觉技术流畅、协调、不别扭，您觉得对吗？

（4）除了课程中的摆臂与腿配合口诀，您还有自创的口诀吗？

（5）谈谈直线滑行时利用体重辅助蹬动和只用腿部蹬动的感觉异同。

（6）直线滑行时，您习惯用哪种摆臂方式？

（7）直线滑行加速时您是习惯加快频率还是加大蹬动力量？

· 简答题

（1）三点一线的"三点"是哪三个点？

（2）完整直线滑行时，双摆臂如何与腿部进行配合？

（3）请总结出陆地模仿和滑行过程中重心方面的练习动作。

（4）后引腿技术的几个关键角度与距离分别是什么？

（5）用什么样的滑行方式可以在单脚支撑的情况下进行滑进？

· 判断题

（1）后引腿技术中，往后伸出的一侧腿称为"浮腿"。（　　）

（2）在做后引腿前轮点地辅助练习时，重心应放在后面点地的那个轮子。（　　）

（3）大幅度重心移动在重心转移过程中转移得越快、越急越好。（　　）

（4）初学者大部分出现的滑行问题都是重心控制问题。（　　）

（5）最理想的重心移动滑行轨迹是45度角滑行。（　　）

（6）重心移动就是身体重量在两条腿上交替移动。（ ）

（7）脚踝向内倒一些有利于让重心完全落在支撑腿。（ ）

（8）后引腿的过程就是直接往后伸腿。（ ）

（9）快速滑行时后引腿是没有作用的，还浪费收腿时间。（ ）

（10）单腿支撑的能力决定后引腿的质量。（ ）

（11）后引腿技术做出后就不能做重心移动了。（ ）

（12）有一个利用后引腿练习力量的训练内容，是需要原地进行的。（ ）

· 选择题

（1）大幅度重心移动收腿阶段慢速收回的目的是（ ）。

A. 身体重心转移过程　　B. 增加腿部力量　　C. 利于三点一线　　D. 体会技术动作

（2）下列（ ）错误动作不是重心导致的问题。

A. 后蹬　　　　　B. 骑重心　　　　　C. 三点一线对不齐　　　　　D. 两脚靠不上

（3）呈滑行姿态时，身体重心的投影点在（ ）。

A. 身体外侧　　　　　　B. 鼻尖　　　　　　C. 臀部　　　　　　D. 膝关节

（4）三点一线的目的主要是（ ）。

A. 练习重心全落在支撑腿　　　　　　B. 练习稳定性

C. 练习腿部力量　　　　　　D. 练习灵敏性

（5）侧蹬滑行中的所谓的重心，其实就是（ ）。

A. 身体的全部重量　　　　　　B. 一个虚拟的点

C. 一种思想状态　　　　　　D. 身体的中心点

第五章

·讨论题

（1）大家觉得直线和弯道技术哪个学起来更容易？

（2）大家可以尝试一下，弯道滑行时，眼睛看地面多远，弯道就滑多大。

（3）转弯时肩领先可以产生更小的转弯半径，大家有体会吗？

·简答题

弯道滑行时，双摆臂如何与腿部动作配合？

·填空题

（1）做弯道交叉步模仿时，右腿侧蹬把身体蹬向左侧，此时鼻尖与 _____ 膝关节对齐。

（2）在站立交叉步滑行时，在 _____ 的带动下绕身体纵轴向左转动。

（3）在弯道定型滑行过程中，侧蹬与交叉分别定型 _____ 秒。

（4）在完整弯道滑行时，两脚交叉时重心在 _____ 腿，侧蹬时重心在 _____ 腿。

第六章

·讨论题

最好的避险方式是多加留神，早做判断，而不是急停。您对此观点认同吗？

简答题

如何做 T 字急停技术?

·填空题

（1）起跑技术预备阶段，在准备姿势稳定后，右腿向后蹬出，左腿大力大幅度呈 _____ 迈出。

（2）本教程内容所讲的急停技术分别为 _____、_____、_____、_____。

第七章

·讨论题

（1）初学练习时哪个部位最疼痛，哪个部位力量最薄弱。您觉得对吗?

（2）如果您跟朋友一起外出滑行休闲，您更愿意领滑还是跟滑?

·简答题

分别总结出三种提升腿部力量与上肢力量的练习方法。

·填空题

（1）手触地单腿连续侧蹬辅助练习，按手分别与 ____、_____、_____ 同高进行渐进式下蹲。

（2）靠墙壁辅助法总共分为 _____、_____、_____ 三种。

第八章

· 简答题

描述4种团队滑行时的手势规则。

· 选择题

（1）在进行编队滑行时，当跟滑者与领滑者保持20厘米时，可节约 ＿＿ 的体能。

A. 44%　　　　　B. 25%　　　　　C. 30%　　　　　D. 50%

（2）当准备进行领滑交换时，领滑者给 ＿＿ 跟滑者手势以示更换。

A. 第二名　　　　B. 第三名　　　　C. 第四名　　　　D. 最后一名

（3）原领滑者在领滑更换完毕后，降至 ＿＿ 跟随队伍滑行。

A. 最后一位　　　B. 第二位　　　　C. 第三位　　　　D. 倒数第二位

（4）团队滑行时，遇到减速及需要制动时 ＿＿＿。

A. 双臂同时举起　　　　　　　B. 双臂同时指向一侧

C. 一只手上下挥动　　　　　　D. 手臂伸出，手指指向滑进的位置

习题答案

讨论题

答案：开放式问题

简答题

（1）答案：

花样轮滑

速度轮滑

轮滑阻拦赛

轮滑球

高山速降

轮滑回转

自由式轮滑

极限轮滑

（2）答案：上鞋、轮子、轮架、轴承、穿钉、飞碟

（3）答案：见 P25 "轮滑鞋初级保养方法"。

选择题

（1）~（5）D　C　B　C　C

（6）~（10）C　B　C　B　B

（11）~（15）D　D　C　C　C

（16）~（20）B　C　C　B　D

（21）~（25）B　C　D　B　C

第二章习题答案

讨论题

开放式问题

简答题

（1）答案：见 P32 "如何站稳"。

选择题

B　B　D　D

第三章习题答案

讨论题

开放式问题

测验题

（1）×　（2）√　（3）√　（4）×

第四章习题答案

讨论题

开放式问题

简答题

（1）答案：鼻尖、膝盖、脚尖

（2）答案：见 P68 "原地侧蹬摆臂配合"。

（3）答案：陆地——原地重心移动、利用体重侧蹬。滑行——大幅度重心移动、左右交叉步。

（4）答案：脚与地面的角度为90度，小腿与地面平行，大腿与地面的角度为90度，浮腿与支撑腿的距离为一拳远。

（5）答案：单脚 S 形滑行。

判断题

（1）～（6）√ × × √ √ √

（7）～（12）× × × √ × ×

选择题

（1）～（5）A　A　A　A　A

第五章习题答案

讨论题

开放式问题

简答题

答案：见 P100 "摆臂配合弯道滑行技术"。

填空题

（1）左腿

（2）肩

（3）2

（4）右　左

第六章习题答案

讨论题

开放式问题

简答题

答案：见 P106 "T 字急停"。

填空题

（1）八字或外八字

（2）内弧急停　单八字急停　八字急停　T 字急停

第七章习题答案

讨论题

开放式问题

简答题

开放式问题

填空题

（1）膝关节　　小腿　　脚踝

（2）交叉　　侧蹬　　单轮点地

第八章习题答案

简答题

答案：见 P118 "领滑者手势介绍"。

选择题

A　A　A　A

附　录 2

公共体育轮滑课程
混合式教学设计

——以东北大学公共体育轮滑课程为例

东北大学公共体育轮滑课程混合式教学共52学时（教务36学时），其中线下理论授课4学时，线上理论授课8学时，轮滑基础体能8学时，技术教学24学时，课前、课后线上学习8学时，线上总计16学时，线下总计36学时，线上占比率约31%。教学的整体设计以阶段考核为教学与学习的目标导向，围绕目标设置理论与运动表象理论进行教学设计。

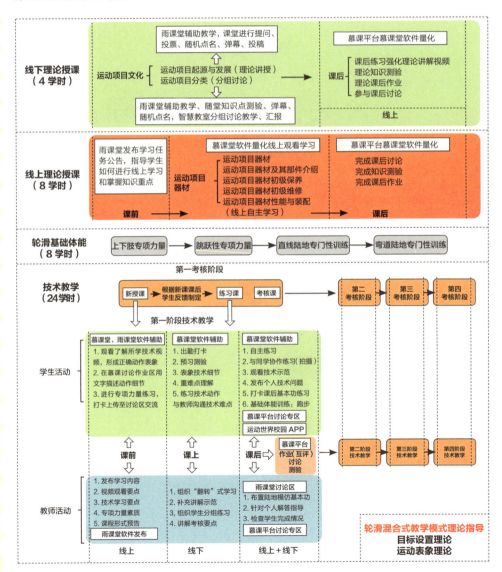

一、线下理论授课（4学时）

理论授课的第一节系统地向学生介绍轮滑运动的起源与发展，通过讲述器材演变的历史纵向脉络，使学生了解轮滑运动诞生的历史背景、科技发展背景、社会文化背景，对该项目有深入的认识，体会到项目文化的魅力。之后，教师向学生详细介绍本学期混合式技术学习的形式：采用雨课堂软件进行授课辅助，在课中穿插习题测验，考察学生听讲情况，利用随机点名的方式回答关键知识点内容，利用弹幕功能进行知识点讨论。为了避免对知识的二次学习带来的兴趣度降低，在两节理论课前不设置线上学习，而是把线上学习放在课后的知识点复习与强化阶段，让学生再次观看慕课的理论讲解视频，并在慕课平台完成相应的讨论、测验、作业。这样可以考察学生对课堂知识的掌握情况，同时也可以起到增强记忆的作用。

第一节理论课，大班授课，讲授轮滑起源与发展

为保护隐私，特将个人信息隐去，后同

利用雨课堂软件辅助轮滑理论讲授

周四三四节

学生：35人　　课堂码：E2S5BW　　时间：2019-秋-周四

课堂与备课记录　　平时成绩汇总　　**线上学习情况**

视频学习情况

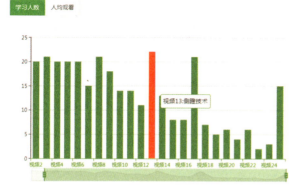

慕课堂软件的课后在线学习监测

　　理论授课的第二节采用小班分组讨论的教学方式。利用智慧教室（高级多媒体分组教学教室），将一个班级的学生分成四组，每个小组分别观看2个轮滑项目视频，并负责归纳出项目特征的5个要素。每个小组选派一名组长进行总结性发言，之后教师进行整体性的讲解，并对8个轮滑项目进行全面、详细的介绍。之后，教师在讲解过程中搭配雨课堂软件进行配合教学，发布随堂测验，组织弹幕讨论，考察学生掌握情况。课后线上学习安排与第一节课一致。

第二节理论课，小班讨论，利用智慧教室教学

雨课堂软件辅助智慧教室教学——一个班级的数据

二、线上授课（8学时）

　　线上授课主要让学生学习器材的维修保养与部件性能，根据这两节课的内容，利用慕课中的演示视频、特效动画能够让学生更加直观地了解轮滑器材方面的知识，由于是线上自学，课前应通过雨课堂软件发布学习公告，告知学生如何利用线上进行学习，做好课前指导，学生在规定时限内，自由安排学习时间，课后要求在慕课平台完成两节课的作业、讨论、测验，线上学习的全程利用雨课堂软件进行监管把控，掌握学生的学习情况。

三、轮滑基础体能（8学时）

影响轮滑技术掌握的一个重要因素是专项力量的水平。在技术教学的整个阶段穿插8学时的基础专项体能课程，在每个阶段技术考核结束后，设置一节体能训练课。在内容安排上，根据阶段技术的学习进行相应的设置练习，分别涉及上下肢力量、腿部力量、弯道与直线的专门性力量，在提升体能的同时，对混合式教学过程学生的学习情况也起到很好的反馈作用。

四、技术教学（24学时）

在"阶段考核混合式教学模式"下，新授课与练习课为混合式教学的主要实施课程，考核课采用线下课程模式，主要进行技术的考核。下面对新授课第一个技术教学——大幅度重心移动做以下教学设计。

大幅度重心移动流程设计

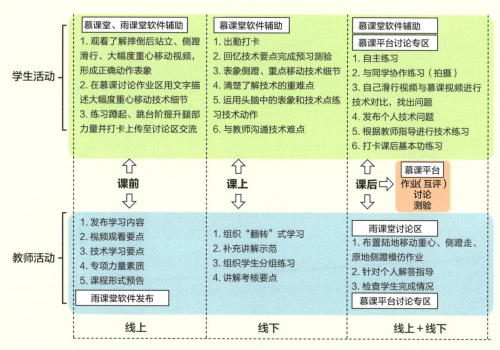

慕课平台

 慕课堂智慧教学

数字化教学工具

课余锻炼辅助监测 APP

·学情分析

　　本节授课对象为2019级公共体育课程秋季轮滑班的学生。经过了前六节课的理论学习和轮滑基础体能训练，学生已经对轮滑滑行技术学习充满期待。同时，教师了解到85%的学生之前没有进行过滑行体验，对于首次穿轮滑鞋练习容易产生恐惧心理，尤其是对安全保护常识不了解更会加重这种心理负担。

　　轮滑零基础学生的专项性力量素质与专门化运动知觉往往较薄弱，容易在学习过程中出现脚踝立不直、没有滑动意识、支撑腿支撑不稳等情况，还会在滑行过程中不能完全摆脱走路时的蹬动习惯，易出现错误动作。

　　初学者会对所学的技术动作的原理与作用不了解，尤其对重心移动在滑行技术中的重要性认识不深，理解不够，因此动作很难做到位。

·教学目标

知识传授目标：使学生了解侧蹬直线滑行技术与大幅度重心移动的动作要领，明晰每一个技术动作细节与原理，理解重心移动在轮滑滑行技术中的重要作用，建立完整的运动表象，并初步掌握直线侧蹬滑行技术与大幅度移动重心技术，以达到提升学生腿部力量素质，发展学生平衡能力、协调能力的效果。

能力建设目标：培养学生自主学习的能力，对掌握技术的应用能力，对技术学习要点的点评能力，与教师和同学间的沟通、协作能力，运动素养提升专项素质的建构能力。

价值塑造目标：帮助学生克服恐惧心理，培养学生不怕吃苦、勇敢、迎难而上的意志品质，塑造通过个人努力和团队协作达成目标的积极的价值取向。

·教学过程

课前（线上学习环节）

教师活动：教师通过雨课堂软件发布学习内容，包括大幅度重心移动、侧蹬滑行、摔倒后如何站立，以及介绍课上要进行的"翻转课堂"教学形式，介绍大幅度重心移动的技术，发布侧蹬技术的慕课视频，指出重难点和如何建立该项技术正确视觉表象的方法，并让学生在慕课平台观看大幅度重心移动的技术视频演示，观察技术细节和动作难点。之后，教师让学生在慕课平台作业讨论区用文字描述出技术细节，强化表象，还要根据学生初次滑行出现的专项力量不足的问题，布置台阶提踵、深蹲的力量练习，鼓励学生运用已掌握的练习方法自创腿部力量练习方法，培养学生的创新能力和建构能力。教师运用雨课堂软件进行量化监督。

学生活动：学生收到教师的预习公告以后，观看慕课中的整体技术示范，观察技术动作的重难点，多次观看后，在头脑中呈现视频中正确的动作，形成积极的视觉表象，之后用文字描述技术细节提交至慕课讨论区，并完成教师安排的力量辅助训练，上传至雨课堂讨论区打卡。

教师在课前利用雨课堂软件发布学习预告

（图片中涉及个人隐私处特做虚化处理，后同）

学生课前在雨课堂讨论区打卡基础力量训练

课上（线下教学环节）

教师活动：课前20分钟，教师运用雨课堂软件进行出勤签到，并发布随堂测验，考察学生的预习情况。测验主要以选择题和判断题为主，内容都是摔倒站立、侧蹬滑行、大幅度重心移动技术动作的要点。之后，教师讲解所学技术的重难点，用语言描述、示范、陆地模仿的形式再次强化动作细节，巩固视觉表象，引导学生建立动觉表象。这一过程有着显著的效果，可让学生清楚地了解本节课的技术学习内容，并知道正确的技术动作细节。

课前 20 分钟进行预习、测验，帮助学生强化运动表象

课前陆地模仿练习，形成动觉表象

之后，进入线下课程授课，采用"翻转课堂"的形式让学生课前进行自主练习，教师负责组织与纠正指导。这样可以培养学生自主学习的能力。教师指导学生根据练习中的表现，进行小组互助式练习，互助过程中，让学生指出对方技术中存在的问题，提升学生的评价能力和协作能力。之后，进行集体分析错误动作环节，教师让学生做示范，集体进行纠正与评价。最后，教师进行滑行技术的补充讲解示范、指导与考核要点讲解。

技术教学"翻转课堂"教学流程与能力提升

教师活动：跟随教师进行课程预习、测验，并在头脑中重现课前观看视频中的技术动作示范；在教师的示范指导下进行陆地模仿，形成动觉表象；在滑行练习过程中遇到问题积极与教师沟通，还可以与同学互相探讨，并体会技术难点的关键环节；让教师进行随堂指导，并了解考核要点。

小组互助练习，指出对方的技术问题

课堂中为了提升学生分析评价能力，采用集体纠误方式

课后（线上＋线下）

教师活动：课后，教师用雨课堂软件发布陆地基本功与滑行技术示范视频，以及基本体能（跑步）训练。学生进行陆地基本功打卡，上传至慕课平台作业区。教师检查学生完成情况，并对其提出的滑行技术问题进行针对性的解答，提出改正方法，引导学生再次利用慕课视频进行自主练习，并督促其完成慕课平台上的作业、测验、讨论等环节。利用雨课堂、慕课堂软件可对学生的学习情况监督与把控。

课后雨课堂软件发布陆地基本功与滑行技术示范视
频，可对课后的线上学习起到监督量化作用

课后应用慕课平台建立专属讨论区进行一对一技术指导

　　学生活动：课后练习，学生用手机拍下自己的滑行技术动作，以小组的形式共同探讨，并与慕课教学视频的技术动作进行对比，找出差距与不足，并将技术问题以文字的形式总结出来，发布到慕课平台的课后作业提交区。这一过程可起到巩固运动表象的作用，能让学生提升评价自身问题的能力。学生对正确的技术动作与自身掌握的技术程度有了深刻的认识之后，再按照教师给予的针对性的指导与改正意见进行练习，同时，结合自身技术缺点创新出符合自身情况的改正方法。学生还要完成教师布置的课后陆地基本功练习，并在讨论区留言打卡，利用运动世界校园 App 每天完成2千米跑步基础体能训练，同时线上完成慕课平台的随堂作业、测验和讨论，进一步强化对技术要点与细节的理解。

　　获取证书：当学生的最终成绩达到老师的考核标准，即可免费获取由学校颁发、主讲老师签署的认证证书。

课后学生在慕课讨论区打卡陆地基本功　　　　认证证书模板

课程负责人：